DISCUTINDO O ENSINO UNIVERSITÁRIO DE TURISMO

COLEÇÃO TURISMO

Turismo é movimento de pessoas, é um fenômeno que envolve, antes de mais nada, gente. É um ramo das ciências sociais e não das ciências econômicas, e transcende a esfera das meras relações da balança comercial.

A tendência da humanidade é a de se concentrar nas grandes cidades, o que torna esses núcleos humanos muitas vezes fonte de violência e neurose urbanas.

Dado esse quadro, o lazer é necessário mas não suficiente. O turismo, permitindo ao indivíduo que se distancie de seu meio e de seu cotidiano, torna-se cada vez mais uma necessidade para o bem-estar humano.

Esta coleção pretende ser uma ferramenta para professores e estudantes dos cursos de turismo do país, assim como para os profissionais atuantes na área, atendendo à demanda por bibliografia nacional e por novas visões da atividade turística que possam unir empresários e acadêmicos no grande desafio de fazer com que, no futuro, o turismo não seja mais um privilégio de minorias, mas um direito de todo cidadão.

Margarita Barretto
Coordenadora

MARGARITA BARRETTO
ELIZABETE TAMANINI
MARIA IVONETE PEIXER DA SILVA

DISCUTINDO O ENSINO
UNIVERSITÁRIO DE TURISMO

Capa: Fernando Cornacchia
Foto de capa: Rennato Testa
Coordenação: Beatriz Marchesini
Diagramação: DPG Ltda.
Copidesque: Juliana Boa
Revisão: Lúcia Helena Lahoz Morelli
Solange F. Penteado

Conselho Editorial:
Margarita Barretto
Mirian Rejowski
Maria Tereza D.P. Luchiari
Beatriz Marchesini

Dados Internacionais de Catalogação na Publicação (CIP)
(Câmara Brasileira do Livro, SP, Brasil)

Barretto, Margarita
Discutindo o ensino universitário de turismo / Margarita Barretto, Elizabete Tamanini, Maria Ivonete Peixer da Silva. – Campinas, SP: Papirus, 2004. – (Coleção Turismo)

Bibliografia.
ISBN 85-308-0760-X

1. Educação - Brasil – História 2. Ensino superior – Brasil – História 3. Turismo – Estudo e ensino 4. Universidade – Brasil – História I. Tamanini, Elizabete. II. Peixer da Silva, Maria Ivonete. III. Título. IV. Série.

04-5902   CDD-378.81

Índices para catálogo sistemático:

1. Ensino universitário : Turismo : Educação   378.81

Proibida a reprodução total ou parcial da obra de acordo com a lei 9.610/98. Editora afiliada à Associação Brasileira dos Direitos Reprográficos (ABDR).

DIREITOS RESERVADOS PARA A LÍNGUA PORTUGUESA:
© M.R. Cornacchia Livraria e Editora Ltda. – Papirus Editora
Fone/fax: (19) 3272-4500 – Campinas – São Paulo – Brasil
E-mail: editora@papirus.com.br – www.papirus.com.br

Ao pastor Tito Lívio Lermen, pela sua dedicação à causa do ensino de qualidade.

Agradecimentos:
Aos professores Orlando Ferretti,
Valdete Daufenbach Neues e Afonso Santil,
pela contribuição indireta com seus textos
para o projeto pedagógico.

SUMÁRIO

1. A EDUCAÇÃO SUPERIOR NO BRASIL:
ASPECTOS HISTÓRICOS 11
   A educação no Brasil 11
   A universidade no contexto educacional do Brasil 18

2. TURISMO E CURSOS DE TURISMO 35
   Os cursos universitários de turismo no Brasil 51

3. DISCUTINDO O ENSINO UNIVERSITÁRIO DE TURISMO 61
   Da realidade à utopia 70

BIBLIOGRAFIA 89

1
A EDUCAÇÃO SUPERIOR NO BRASIL: ASPECTOS HISTÓRICOS

Para entender os cursos superiores de turismo na atualidade, faz-se necessário contextualizá-los historicamente, assim como a própria universidade brasileira, buscando compreender ambos com base no conceito de educação universitária predominante historicamente no país.

No Brasil, a criação da universidade, em particular, e do sistema educativo, de modo geral, deveu-se a necessidades imediatas da realidade socioeconômica do país. Enquanto o Império pôde manter seu domínio, a educação era privilégio das aristocracias locais, que enviavam seus filhos para se instruírem na metrópole.

A educação no Brasil

Até o momento da chegada da Coroa Portuguesa ao Brasil, a educação e a cultura não foram prioridade do Império. Pelo contrário, não era estimulado o desenvolvimento desses setores. Nem mesmo a leitura era hábito no Brasil, a não ser entre os membros do clero. A imprensa, descoberta por Gutenberg em 1445, foi introduzida no Brasil somente em 1808. Até essa data, prelos e impressoras estavam proibidos. O jornal *Correio Braziliense* era impresso em Londres e reenviado ao Brasil. Não existia o hábito da venda de livros e tampouco estímulo para leitura de textos que não fossem sagrados. Lajolo e Zilberman (1991, p. 61) comentam que, no livro *Compêndio de um peregrino na América*, o autor, Manuel Nunes Viana, afirma que "melhor é ser caritativo do que ler" e citam as memórias do viajante inglês Henry Koster em que este relata que, nas várias cidades onde viveu, seus vizinhos duvidavam que ele lesse, já que não era padre (p. 129).

O uso do prelo foi liberado pela Carta Régia de 13 de maio de 1808, porém não houve um projeto cultural maior que difundisse o hábito da leitura, nem sequer entre os membros da aristocracia da época, constituída por fazendeiros, que viam a leitura apenas como prenda de salão.

> A implantação da imprensa não só foi tardia, mas também desvinculada de um projeto cultural maior para difusão do hábito da leitura. Este viria apenas com a popularização da escola, o que aconteceu no final do século, com a abolição da escravidão e a nova afirmação do ensino e da ciência surgida a partir da influência do positivismo, que trará ao Brasil a ideologia republicana e o pensamento cientificista. (Barretto 1996, p. 95)

Também a educação foi vista pela Coroa Portuguesa como instrumento para sua perpetuação e para a manutenção de seu domínio no Brasil. Não houve estímulo à criação de instituições nacionais de nível superior, pois:

> (...) era convicção dos colonizadores portugueses que, obrigando os raros representantes da juventude oriunda das famílias ricas da terra a irem estudar nos centros universitários da metrópole, [isso] reforçava o seu espírito de lusitanidade e os preparava para, de volta, se comportarem como bons súditos. (Pinto 1994, p. 17)

Após o traslado da corte para o Rio de Janeiro, surge a necessidade de estruturar o ensino no território nacional, mas com um objetivo instrumental. Não há, desde o início do processo, um ideal da educação como um fim em si mesma, nem sequer como ferramenta a serviço do crescimento pessoal do indivíduo e da emancipação do ser humano. A educação no Brasil surge como um meio para garantir a manutenção do sistema social e econômico, sem qualquer compromisso com a transformação e a emancipação do ser humano. Ela sempre foi vista pelos governos como um meio a serviço do crescimento econômico e teve um papel previamente definido no processo de modernização do país.

(...) no Brasil a educação foi vista, desde o período colonial, como um luxo, ou um instrumento ao (*sic*) desenvolvimento econômico, e não uma finalidade do processo civilizatório (...) um meio pelo qual passam todos os caminhos que levam à criação de uma estrutura socioeconômica eficiente. (Buarque 1991, p. 53)

Foi a partir da independência política do país que se tornou uma obrigação do poder central cuidar da promoção do homem brasileiro por meio da educação. Se antes o descaso com a educação se justificava pela situação de exploração colonialista, a emancipação política do país trouxe a exigência de haver um poder político voltado para os interesses nacionais.

Durante o regime imperial, muitos foram os debates em torno da criação de um sistema de educação nacional, pois não se concebia um país independente que não educasse homens livres, capazes de sustentar o novo sistema representativo. Porém, como analisou Xavier (1992), durante esse período houve um descompasso entre as propostas de criação de um sistema nacional, as legislações construídas e as condições reais de concretização daquelas propostas.

Embora se justificasse a importância da escola num projeto de nação independente que incorporava pressupostos liberais, o contexto histórico do Brasil pós-independência não era o mesmo do de outros países da Europa que passaram pelas revoluções burguesas. A escola no Brasil pós-independente ainda não tinha uma função a cumprir na manutenção e na reprodução das relações internas de dominação, nem tampouco a função de garantir a manutenção do sistema econômico.

Essas relações de dominação se mantinham por meio da opressão direta, da violência, características do sistema escravista, o qual ainda assegurava a reprodução do sistema econômico. Os interesses pela escola nesse período restringiam-se a um grupo médio da população, que vinha se dedicando às atividades com o comércio emergente e os serviços públicos, e que reivindicava para si os direitos das classes dominantes. Para esse grupo intermediário, a escola exercia uma função vital: era por meio dela que seus filhos teriam acesso a funções não maculadas pelo trabalho físico, às profissões liberais e aos empregos públicos. Portanto, essa camada média da população via na escola sua única maneira de ascender aos privilégios das classes dominantes.

Assim, interessava a ela a mesma escola que interessava à classe dominante, aquela que preparava para o mercado de trabalho e para a vida pública, ou seja, as escolas profissionalizantes e as universidades.

Não interessava a essas duas parcelas da população que detinham o poder econômico e político a educação popular. Decorre desse contexto de interesses o fato de termos no Brasil desse período um número significativo de escolas particulares de ensino primário e secundário de cunho religioso, instituições isoladas de ensino superior, uma universidade, criada em 1920,[1] ao passo que a educação básica pública se encontrava relegada a algumas classes de primeiras letras.

Nos anos 20 e 30, em decorrência das transformações provocadas pela Primeira Guerra Mundial (1914-1918), ocorre no mundo e no Brasil um acelerado processo de modernização. Esse processo de modernização geral da sociedade brasileira envolveu significativamente os educadores que passaram a ser identificados como escolanovistas. Esses educadores pretendiam elaborar uma ampla reforma no ensino brasileiro. Em 1924 criaram a Associação Brasileira de Educação (ABE), que debateu avidamente os rumos da educação no Brasil. O documento mais importante desse movimento foi o Manifesto dos Pioneiros da Escola

---

1. A primeira universidade do Brasil, a Universidade do Rio de Janeiro, foi criada por um decreto de 7 de setembro de 1920.

Nova de 1932. Em decorrência desse processo de transformação educacional, criou-se em 14 de novembro de 1930, por meio do decreto 19.402, uma Secretaria de Estado com a denominação de Ministério dos Negócios da Educação e Saúde Pública. Porém, como analisam Buffa e Nosella (1997, p. 62):

> Toda a educação nova e os próprios métodos ativos não constituem, neste século, um campo educacional orgânico e autônomo, sendo antes uma filosofia educacional heterogênea, em que se mesclam preocupações, teses, bandeiras, concepções tanto de natureza democrático-liberal quanto de caráter socialista. Essa heterogeneidade de concepções não consegue ultrapassar os limites do idealismo, sendo que, para esses educadores, a transformação social se daria pela educação.

Dessa forma, com a introdução da ciência e da tecnologia no setor produtivo, o sistema de ensino foi reformulado para adequá-lo às exigências de qualificação da força de trabalho. Essas mudanças, porém, "procuravam responder muito mais às exigências do setor produtivo internacional e nacional do que aos problemas sociais" (Lopes 2000).

A repressão política desencadeada com o levante militar de novembro de 1935, organizado pela Aliança Nacional Libertadora, encerra o que, com certeza, foi um dos grandes períodos de debate político sobre educação.

Entre 1937 e 1945, durante o período do Estado Novo, a escola enfatizou a formação técnica e profissional e privilegiou a formação do *homo economicus* em detrimento do cidadão (Lopes 2000).

A política do Estado Novo caracterizou-se pela centralização autoritária e pela preocupação em aproximar a escola do mundo do trabalho. Essas intenções políticas não se evidenciaram só na legislação do ensino – as leis orgânicas[2] –, mas também na criação do Senai e do

---

2. As leis orgânicas, chamadas de Reforma Capanema, consubstanciaram-se em seis decretos-leis que ordenavam o ensino primário, o secundário, o industrial, o comercial, o normal e o agrícola. Para saber mais, cf. Ghiraldelli Jr. (1992).

Senac e na criação de escolas técnicas nos mais diversos estados. Buffa e Nosella (1997), ao citarem Paschoal Lemme, definem com brilhantismo os objetivos do Estado Novo em relação à educação: "No Estado Novo, criar o Senai (*sic*), os industriais se reuniram e disseram o seguinte: 'dêem vocês o ensino primário bem dado, que nós fazemos a complementação da formação para o trabalho'".

A Reforma Capanema organizou o ensino técnico-profissional em quatro modalidades: industrial, comercial, agrícola e normal, porém esses esforços não atenderam aos objetivos do capital, que tinha urgência no processo de aprimoramento da mão-de-obra dos trabalhadores; por isso, em paralelo à rede pública, os empresários criaram um sistema de ensino profissionalizante capaz de formar mão-de-obra específica para o mercado. O sistema de ensino profissionalizante oferecido pelo Senai e pelo Senac agradou inclusive à classe média, que não estava interessada na profissionalização precoce de seus filhos, mas a bolsa-salário e o treinamento oferecido na própria empresa tornaram-se atrativos interessantes.

A defesa da aproximação da escola com o trabalho também fez parte dos ideários dos educadores comunistas, mas não se vislumbrava nesse discurso uma profissionalização no sentido de treinos específicos, como acabou acontecendo nas propostas de ensino profissionalizante desse período.

A partir de 1956, os esforços do governo central são dirigidos à promoção do desenvolvimento de forma acelerada.

> O empresariado nacional é incentivado a se associar ao estrangeiro, como fórmula para a captação de capitais necessários ao desenvolvimento econômico. A estratégia governamental está estabelecida no Plano de Metas, cujas prioridades são os setores industriais básicos e a educação. (Barbeiro e Cantele 1999, p. 191)

O Plano de Metas, que promete fazer 50 anos em 5, está aliado ao nacionalismo desenvolvimentista que terá, como braço intelectual, o

Instituto de Estudos Brasileiros (Iseb), fundado por Café Filho e consolidado por Kubitschek. Esse instituto reunia intelectuais como Cândido Mendes, Nelson Werneck Sodré e Hélio Jaguaribe e promovia cursos, seminários e pesquisas.

Entre 1946 e 1964, reacenderam-se os ânimos dos educadores comprometidos com o pensamento humanista e houve mudanças significativas na educação. Educadores como Anísio Teixeira, Fernando de Azevedo, Paulo Freire e muitos outros trouxeram uma visão humanista à educação, fazendo desta um agente transformador no exercício da cidadania.

A primeira Lei de Diretrizes e Bases (LDB), promulgada em 1961, foi discutida desde 1948, dentro de um marco em que diversos grupos sociais queriam o desenvolvimento nacional do Brasil sem submissão ao imperialismo internacional.

A discussão da LDB, porém, ficou resumida a uma disputa entre ensino público e ensino privado, em que as entidades católicas dedicadas ao negócio da educação deflagraram uma campanha pela liberdade de ensino em oposição à campanha pela escola pública. Como resultado, a LDB acabou sendo uma conciliação de interesses que permitiu o financiamento do ensino privado por parte do Estado (Lopes 2000).

Com a lei 4.024, de Diretrizes e Bases da Educação Nacional, de 1971, a educação continuou a enfatizar os meios técnicos, que provaram estar a serviço do próprio avanço técnico e não da sociedade, chegando-se ao alvorecer do século XXI com muitos recursos para serem aplicados, porém com uma opção política por não aplicá-los; um país com altíssimo PIB, porém com uma proporção de pobres e uma disparidade de renda das mais altas do mundo.[3]

Essa opção política pelo modelo educativo vigente obedece, claramente, aos interesses de grupos econômicos nacionais e estrangeiros.

---

3. O projeto político iniciado em 2003 com a ascensão do PT ao poder prevê, a médio prazo, reverter essa situação histórica.

Na atualidade, calcula-se que haja no Brasil 15,5 milhões de analfabetos, o que pode, por trágico que possa parecer, beneficiar certos setores. Um relatório do Bird publicado em 7 de outubro de 2003 denuncia que "os governadores do Nordeste oferecem como vantagem competitiva uma população menos educada e mais maleável, portanto, mais barata".

Até aqui se observa que, apesar da resistência de intelectuais humanistas, o ensino no Brasil sempre esteve a serviço do desenvolvimento econômico e à mercê dos interesses políticos.

A universidade no contexto educacional do Brasil

O traslado da corte para o Brasil obrigou o Império a abrir escolas superiores para continuar a ter amparo médico e legal.

> (...) a universidade é um órgão social recente, só instalado oficialmente quando sua presença se fez necessária (...) Só com a instalação da sede do poder colonizador no território da própria colônia, (...) vieram a ser fundadas as primeiras escolas superiores. Estas foram, como é sabido, as de Direito, em Recife e São Paulo, e as de Medicina, na Bahia e no Rio de Janeiro. Compreende-se que assim ocorresse, pois eram estas as oficinas que deviam preparar os especialistas exigidos pela sociedade semicolonial no grau em que se encontrava: advogados para defender os direitos dos senhores de terras, uns contra os outros, e médicos que tratassem da saúde dos membros da classe rica. (Pinto 1994, pp. 17-18)

A respeito do modelo de universidade implantado, já desde o início seu conceito é diferente do conceito europeu de universidade, situação esta que continuará durante o século XX. "Só possuímos de comum com a universidade enquanto tal, o simples nome, pois o que para nós constitui historicamente o conceito de universidade é coisa (...) diferente do que ocorreu na Europa" (Pinto 1994, p. 18).[4]

---

4. A primeira edição desse livro é de 1961.

Na década de 1930 será dada grande ênfase à educação superior como forma de qualificação profissional "para viabilizar o projeto industrializante" (Lopes 2000).

É verdade que, em vários países desenvolvidos, a ciência e a tecnologia têm sido, também, instrumentos para o crescimento industrial, mas, ao contrário do que aconteceu no Brasil, as conquistas sociais permitem que essas novas técnicas disseminem seus benefícios na sociedade mais ampla. Aqui, historicamente, "o social foi submetido ao econômico" (Buarque 1991, pp. 60-61), e, pior ainda, as descobertas tecnológicas têm sido pautadas por interesses alheios aos grandes problemas sociais que o país precisa solucionar.

O isolamento social da universidade liberal, que era um "bem cultural das elites dirigentes" (Fávero 1991, p. 15), fez com que, apesar de ter tido sempre uma orientação tecnicista, tenha sido vista, na década de 1960, como "um lugar desvinculado do trabalho social útil, dedicada ao estudo ocioso" (Pinto 1994, p. 27; Relatório 1969, p. 248), nisso comparando-se com a visão de universidade que se tinha, na mesma época, na França, onde a orientação era humanista, e que vai repercutir na reforma universitária do Brasil.

Nesse ponto, há que se destacar a influência francesa na formação de universidades comprometidas com o pensamento humanista, como foi o caso da Universidade de São Paulo (USP), que foi desmantelada durante a ditadura, condenando seus principais intelectuais ao exílio. Pode-se discutir que, por trás do discurso populista de propiciar uma universidade menos teórica e mais atuante, estava o projeto de acabar com uma ideologia contrária ao capitalismo dependente, que haveria de se consolidar com a ditadura militar, e de difundir a idéia de um "novo Brasil" adequado ao sistema.

No marco dessas discussões se processará a reforma universitária de 1968, que estará pautada pela radicalização da visão instrumental por meio dos acordos MEC/Usaid, baseados na teoria do "capital humano",[5]

---

5. Pela qual a mão-de-obra é considerada um fator de produção.

que tiveram muita influência na educação brasileira durante a década de 1960, e pelo projeto desenvolvimentista do governo militar que dá seqüência ao período conhecido como "era JK".

Figura-chave no processo de reforma é o consultor Rudolph Atcon, que assessorou Anísio Teixeira na organização da Capes entre 1953 e 1956 e escreveu uma proposta para a reorganização da universidade na América Latina, em 1958, após visitar diversos países da América do Sul e do Caribe (Fávero 1991, p. 20).

Essa proposta foi publicada em diversos meios nos anos subseqüentes; conhecida como Informe ou Relatório Atcon, será adotada pela Usaid como parte do seu projeto educacional para a América Latina. Em 1966, é assinado o Acordo MEC/Usaid de assessoria para a modernização administrativa universitária, que foi substituído em 1967 por uma assessoria do planejamento do ensino superior.

Os acordos com essa agência estadunidense levarão à reforma do ensino superior de 1968. Esse nível de ensino desempenhará um papel estratégico porque "caberia a ele forjar o novo quadro técnico que desse conta do novo projeto econômico brasileiro, alinhado com a política norte-americana para a sustentação da sua hegemonia junto aos aliados de pós-guerra" (Lopes 2000).

Isso porque, entre outras coisas, para criar postos de trabalho as empresas exigiam níveis universitários de qualificação profissional. É o mercado que vai determinar a necessidade de mais universidades. Mão-de-obra para chão-de-fábrica, e barata, era o que abundava. O problema residia nos cargos administrativos e, para estes, precisa-se de formação técnica, daí não ser interessante um modelo de universidade com cursos ligados ao pensamento filosófico, mas sim ligados ao mundo do trabalho. A camada social que vai impulsionar esse movimento é a classe média, porque esta não possuía recursos para enviar seus filhos para estudar no exterior, como tinha a elite, e é a que precisa que seus filhos se profissionalizem para o trabalho produtivo, para ocupar cargos administrativos, políticos etc. É a que precisa, também, que os filhos permaneçam para dar continuidade aos pequenos empreendimentos, ao pequeno capital, para conseguir o efeito cumulativo que leve, algum dia, ao domínio econômico e social.

O ensino superior passou a significar, cada vez mais, a chance de alguns setores ascenderem socialmente, e de outros não descerem com tanta velocidade. A reforma universitária, incluída nas Reformas de Base do período janguista, direcionava-se no sentido de democratização do ensino superior. A Reforma implantada pela ditadura por meio da Lei 5.580/68 foi no sentido contrário, apesar de dissimular suas intenções visando ao abafamento da crise estudantil que se aguçou naquele ano. Crise essa que espelhou justamente os desejos dos setores médios em democratizar o acesso à universidade. (Ghiraldelli Jr. 1992, p. 175)

Como observa McGuire (1999, p. 388), a ideologia da classe média deposita um alto valor no aparato intelectual do capitalismo, especialmente nas instituições educacionais, tanto porque a classe se reproduz por meio desse aparato desenvolvido por intermédio de lutas históricas, quanto porque uma boa parte da classe ganha a vida com isso.

Saviani e Cunha têm uma leitura do quanto esse projeto MEC/Usaid implicava um modelo de internacionalização das relações, um modelo de entrega do país no que se refere às relações econômicas, que veio abortar o trabalho que vinha sendo realizado por Anísio Teixeira, Paulo Freire, entre outros. Vale ressaltar um dado importante para o estudo do modelo educacional brasileiro implantado nesse momento em que a interferência do Estado foi decisiva. Giraldi (1996, p. 4), em um estudo sobre currículo no Brasil, analisa a contradição criada. Diz a autora:

Curiosa e triste ironia essa que a história nos pregou. Exatamente no momento em que no Brasil o pensamento oficial se esforçava em adotar nos currículos oficiais o paradigma técnico-linear, o pensamento radical norte-americano toma contato com *Pedagogia do oprimido* de Paulo Freire (exilado), que vai se constituir na obra catalisadora do movimento que produz a ruptura com o paradigma técnico-linear concebido como uma "peça" técnica e neutra.

O modelo foi inclusive aplicado nos Estados Unidos, em São Francisco, e aqui foi abandonado, substituído pelo Mobral.

Ao mesmo tempo, a reforma universitária brasileira incorpora o discurso da reforma universitária francesa que estava em andamento. Essa reforma pretendia democratizar a universidade, que, na década de 1960, também na França era um centro elitista. "A universidade (...) deve ser colocada no centro da vida da nação e não mais poderá ser monopolizada por uma classe privilegiada" (Furter 1969, p. 48).

A proposta de reforma discutida na França implicava a racionalização da pesquisa universitária em virtude das necessidades globais do país, o que foi interpretado pelo governo militar de acordo com o que eles entendiam ser as necessidades do país: progresso e crescimento, sem entrar na área do desenvolvimento social.

A reforma universitária francesa, não obstante, tinha outros pressupostos que não foram levados em consideração. De acordo com Ricoeur (1969, p. 52), na década de 1960 estava acontecendo uma revolução cultural que

> (...) ataca o capitalismo, não somente porque ele é incapaz de realizar a justiça social, mas também porque consegue com êxito seduzir os homens com o seu projeto inumano de bem-estar quantitativo (...) ataca (...) o niilismo de uma sociedade que, tal como um tecido canceroso, não tem outro objetivo além do seu próprio crescimento.

Essa necessidade de formação de técnicos universitários por questões estratégicas político-econômicas em nível internacional levou a que, na ditadura militar (1964-1985), a universidade tivesse tratamento prioritário dentro do setor educativo, o que constituirá um fator fundamental de diferenciação entre esta e as outras ditaduras que se instalaram na América do Sul no mesmo período, quando o ensino universitário não foi contemplado e a indústria nacional foi extinta, provocando o retorno às economias agroexportadoras do início do século XX.

Foi instituído um grupo de trabalho de excelência, encarregado de estudar a universidade brasileira, "visando a sua eficiência, modernização, flexibilidade administrativa e formação de recursos humanos de alto nível para o desenvolvimento do país" (Relatório 1969, p. 243), que incorporou partes da filosofia que vinha sendo disseminada por Anísio Teixeira e outros interlocutores. Nesse contexto, a educação precisa ser mudada, já que o desenvolvimento capitalista requer um tipo de cidadão mais ajustado às exigências de um novo tipo de sociedade.

Esse grupo de trabalho considerava que "o ensino superior é investimento prioritário, pela sua alta rentabilidade econômica a longo prazo" (Relatório 1969, p. 245), e que "se a universidade é fator decisivo de desenvolvimento (...) não teria sentido esperar que se consumassem as reformas sociais para então pensar em sua reforma" (p. 246). Considerava o grupo que

> (...) a universidade (...) revelou-se despreparada para acompanhar o extraordinário progresso da ciência moderna, inadequada para criar o *know-how* indispensável à expansão da indústria nacional e, enfim, defasada socioculturalmente. (Relatório 1969, p. 247)

Entendia que a universidade tinha um duplo papel, o de produzir ciência e o de propiciar o desenvolvimento de uma nova sociedade, "visando à promoção do homem na plenitude de suas dimensões. O desenvolvimento, (...) embora tenha como suposto fundamental o progresso econômico, objetiva a realização de todos os valores humanos" (p. 247).

O grupo enfatizava aspectos do papel ideal que a universidade deveria cumprir dentro da sociedade, preparando, sim, técnicos e cientistas, mas comprometidos socialmente. "A reforma tem por objetivo elevar a universidade ao plano da racionalidade crítica e criadora, tornando-se a instância de reflexão sobre as condições e o sentido do desenvolvimento" (Relatório 1969, pp. 248-249).

Em face das considerações anteriores, o grupo propunha a transformação

(...) de uma instituição tradicionalmente acadêmica e socialmente seletiva em centro de investigação científica e tecnológica em condições de assegurar a autonomia da expansão industrial brasileira. É também necessário ampliar seus quadros para absorver a legião de jovens que hoje a procura em busca de um saber eficaz que os habilite ao exercício de numerosas profissões técnicas próprias das sociedades industriais. (Relatório 1969, p. 248)

O projeto de desenvolvimento implicava democratização e modernização da universidade, mas essa modernização aconteceu "segundo os paradigmas norte-americanos [estadunidenses] de então, da racionalidade institucional" (Fávero 1991, p. 19). As teorias de Taylor para a produção industrial, aplicadas por Fayol às tarefas administrativas e empresariais, foram, assim, incorporadas à reestruturação da universidade brasileira, tendo como resultado a divisão entre trabalho intelectual e administração financeira, que, de acordo com ele, deveria ser exercida por pessoas do meio empresarial. As finanças da universidade deveriam ser controladas por um conselho curador do qual não poderiam fazer parte os membros do conselho universitário (docentes encarregados da produção do saber).[6]

Paulo Freire, herdeiro das lutas escolanovistas, denunciou o caráter conservador dessa visão pedagógica e observou corretamente que a escola/universidade podia servir tanto para a educação como prática da dominação quanto para a educação como prática da liberdade.

Quanto à democratização, o discurso da educação para todos, apropriado pelo Estado, vai dar origem também a instituições como o Pró-Memória, em que se utilizava do discurso humanista para criar as

---

6. Também devemos a Atcon a organização da universidade em centros e departamentos em lugar de faculdades, a fim de promover economia de recursos, e a criação, em 1966, do Conselho de Reitores das Universidades Brasileiras (Crub), que se constituiria no órgão encarregado de coordenar a execução de acordos no ensino superior, sob orientação da Universidade de Huston, Texas, onde Atcon era professor (Fávero 1991, pp. 25-34).

estruturas, mas não eram dadas as bases intelectuais para o seu funcionamento. Espalhou-se a ideologia da sensibilidade, da educação para o povo, da cultura para o povo, mas não se deram condições aos professores, não houve capacitação e, pior ainda, desestruturaram-se os outros níveis de ensino. "Enquanto as escolas primária e secundária eram destruídas, a universidade recebia recursos para formar pessoal, comprar equipamentos, construir prédios, dentro do interesse do modelo econômico em implantação" (Buarque 1991, p. 59).

Isso terá implicações pedagógicas muito sérias a médio e longo prazos, porque também é incorporada outra vertente da proposta de reforma do ensino francesa, a da participação do estudante no processo de construção do conhecimento, dando a ele o "direito a um ensino que não lhe seja impingido mas sobre o qual ele exerça um verdadeiro controle" (Ricoeur 1969, p. 57).

Da mesma forma que Paulo Freire, na sua pedagogia, parte dos saberes populares, a proposta de reforma universitária em pauta afirma que "o ensinando traz alguma coisa: aptidões e gostos, saberes anteriores e saberes paralelos e (...) um projeto de realização pessoal" (Ricoeur 1969, p. 54).

O problema é que, destruindo-se as bases da educação primária e secundária, pouco resta de aptidões, gostos e saberes anteriores, a não ser para a camada privilegiada que tem acesso a escolas de qualidade ou que provém de famílias com grande bagagem cultural, restando, para a maioria, apenas os saberes paralelos, cada vez mais contaminados por meios de comunicação alienantes e desumanizadores, a serviço da ideologia dominante.

> Educar não é ser omisso, ser indiferente, ser neutro diante da sociedade atual. Deixar o *ser humano* à educação espontânea da sociedade é também deixá-lo ao autoritarismo de uma sociedade nada espontânea. O papel do educador é intervir, posicionar-se, mostrar um caminho, e não se omitir. A omissão também é uma forma de intervenção. (Gadotti 1993, p. 20; grifo nosso)

Mais uma vez, a proposta francesa é adotada parcialmente, deixando-se de lado outras exigências da reforma, que, embora constassem do Relatório da Reforma Universitária (1969, p. 245), não se verificaram na prática, como a do direito a "um diploma de real valor no mercado de trabalho [e] direito a uma cultura que lhe permita participar da aventura intelectual da humanidade e realizar-se pessoalmente para além de toda concepção profissional e mercantil" (Ricoeur 1969, p. 57).

O que acaba acontecendo é que a universidade brasileira passa a formar, de um lado, profissionais qualificados para "desembrulhar" os pacotes tecnológicos produzidos nas matrizes das multinacionais instaladas no território e, de outro, pesquisadores para desenvolver a indústria considerada de "segurança nacional" financiada pelo capital externo (Lopes 2000). O progresso tecnológico e industrial verifica-se, dando ao país um lugar privilegiado no quesito industrialização, mas dentro de uma concepção profissional e mercantil.

O grupo de trabalho que estuda a reforma universitária percebe esse problema e postula a urgência de implantar cursos de pós-graduação para formar cientistas capazes de criar e de inventar novos processos que dêem ao país independência industrial (Relatório 1969, p. 264).

Durante a década de 1970 são assinados acordos com o Banco Interamericano de Desenvolvimento (Bird). Este apoiou e financiou (concedendo créditos em condições muito restritivas para o país) projetos de educação que tivessem a mesma filosofia desenvolvimentista que caracterizava o banco. De acordo com esses projetos, a ênfase deveria estar no ensino profissionalizante. O primeiro projeto executado entre 1971 e 1978 previa assegurar a melhoria e a expansão do ensino técnico de segundo grau, industrial e agrícola (M. Fonseca 1997, p. 50). Como já vimos, nessa época houve, ao contrário, uma grande expansão do ensino universitário em detrimento do ensino de primeiro e segundo graus, tendência que continuou, conforme demonstram os dados recentes, que revelam que se destina quase três vezes mais verba ao ensino universitário do que ao segundo grau, atendendo, porém, a uma quantidade muito menor de pessoas.

A chave da aberração está na distribuição dos gastos públicos em educação por níveis de ensino. Do total dos gastos educacionais do governo (União, estados e municípios), cerca de 68% são destinados ao 1º grau e 23% ao ensino superior, ficando apenas 9% para o 2º grau. O problema é que os alunos matriculados na rede pública federal e estadual de ensino superior representam apenas 1,8% do total de alunos no ensino público. (Fonseca 2004)

M. Fonseca (2000, pp. 236-238) atribui o insucesso dos projetos a várias causas, como falta de recursos para a contrapartida nacional e condições institucionais, entre as quais destaca "o rodízio da equipe de gestão e as freqüentes alterações no planejamento do projeto em vista da inconsistência de alguns objetivos (...) a falta de integração entre as ações do projeto e as atividades correntes do Ministério da Educação".

Por exemplo, no Departamento de Ensino Superior, ao mesmo tempo, eram promovidos cursos de curta duração para habilitação intermediária de grau superior para engenheiros de operação e eram fundadas várias universidades, entre 1970 e 1973, como a Estadual de Mato Grosso do Sul, a Estadual de Maringá, a Estadual de Ponta Grossa, a Federal do Acre e a de Mato Grosso, a Universidade de Fortaleza e a de Mogi das Cruzes. Apesar do elevado número de universidades que se abrem, estas não são suficientes para a demanda, portanto, em 1970, é também criado o vestibular classificatório, mediante o decreto 68.908, para resolver "a crise dos excedentes",[7] dos candidatos ao ensino universitário para os quais não havia vagas.

Embora os acordos do Bird tenham fracassado em suas metas de eficácia e eficiência,[8] deixaram uma marca importante na educação

---

7. Voltaremos a esse assunto no final do capítulo.
8. M. Fonseca (2000, pp. 248-249) destaca que, apesar do insucesso das propostas do Bird para a área de educação durante 20 anos, elas continuaram sendo acolhidas como inovadoras, e atribui o fato ao "modelo de administração dos financiamentos, que conta com unidades gestoras especiais" que são extintas quando encerradas as atividades, portanto as informações se diluem ou ficam em poder de poucas pessoas

brasileira. O Relatório Atcon, entre outras recomendações, afirmava que, para garantir a autonomia universitária, "o melhor sistema (...) é a transformação da universidade estatal em uma fundação privada" (*apud* Fávero 1991, p. 22). As recomendações do Banco Mundial para a educação superior também aconselhavam a privatização desse nível de ensino e a aplicação de recursos públicos nas instituições privadas (Dourado 1999; Lopes 2000; Relatório 1969, p. 279),[9] o que vai permitir a proliferação de cursos privados de baixo custo e alta lucratividade, entre os quais, como se verá mais tarde, os de turismo, objeto de análise deste livro.

Os cursos privados, em sua grande maioria e salvo instituições de grande porte, como fundações e universidades vinculadas a grupos religiosos economicamente solventes, não conseguirão acompanhar as diretrizes propostas pela reforma universitária de 1968, no sentido de oferecer cursos flexíveis, de manter um corpo docente em tempo integral e com dedicação, também, a pesquisa e extensão, o que já estava previsto pelo grupo de trabalho (Relatório 1969, p. 261), mas serão os que mais acatarão a diretriz de "planejar cursos novos para atender às exigências observadas em âmbito regional" (p. 258), embora muitas vezes as exigências sejam aparentes, obedecendo a modismos.

As instituições de ensino superior privadas, por outro lado, terão seu financiamento e seu lugar na sociedade garantidos em face do chamado "problema dos excedentes", dos alunos que demandam um lugar e não o conseguem, que assola o ensino universitário desde a década de 1960 e para o qual já o Relatório (1969, pp. 272-273) pede urgentes medidas em vários parágrafos, o que será solucionado, como já visto, mediante o decreto de implantação do exame vestibular.

---

que vão trabalhar em outros setores. Na atualidade, o Bird só libera parcelas dos empréstimos quando for comprovada a aplicação das anteriores, visto que, em outros momentos, o dinheiro não foi aplicado para a finalidade para a qual tinha sido destinado; decorre daí o rigor com os formulários, os relatórios e as avaliações.

9. Mediante o Fundo Nacional de Desenvolvimento da Educação (FNDE).

Considerando todos os fatores anteriores somados no âmbito do sistema educacional geral, conclui-se que houve um "deslocamento para o ensino superior enquanto estratégia para a formação de recursos humanos, forjando uma qualificação pelo alto" (Lopes 2000).

Saberes que eram ministrados ou poderiam ser ministrados no ensino de segundo grau ou em cursos técnicos passaram a ser ministrados no nível terciário, obrigando, dessa forma, quem quiser obter conhecimentos competitivos a continuar os estudos em nível universitário. Minimizando o nível de conhecimentos e de exigências no primeiro e no segundo graus, forja-se, literalmente, a necessidade de continuar os estudos, aplicando, com isso, à educação as mesmas leis que regem, no capitalismo, o consumo de qualquer bem ou serviço: estimular a compra permanente criando a necessidade de melhoria ou renovação.

Ao mesmo tempo, qualquer defeito na formação desses novos quadros pode ser sanado mediante o corporativismo: carreiras curtas seriam complementadas com regulamentação de profissões (Relatório 1969, p. 274). O protecionismo viria, dessa forma, disfarçar o rebaixamento da qualidade do ensino.

Dois fenômenos processam-se em conjunto, o pedagógico e o social. O ensino superior passa a ministrar educação técnica e operacional (deslocada do ensino médio). Forja-se a qualificação "pelo alto", porque as pessoas acreditam que estão tendo ensino universitário quando estão recebendo capacitação técnica. Ao mesmo tempo, dando-se às pessoas o *status* de "universitários", forja-se a ascensão social.

Não podemos nos esquecer de que, do ponto de vista social, a universidade tem significados outros que precisam ser resgatados historicamente para entender os problemas atuais que se pretende discutir quanto à especificidade dos cursos de turismo.

A partir do século XIX, instala-se no Brasil a chamada "cultura do bacharelismo", pela qual obter um diploma universitário passa a ser o caminho para a distinção social, para a ascensão social. Paralelamente, e por isso mesmo, o ingresso na universidade passa a ser um instrumento de domesticação e desmobilização política, porque os jovens, em lugar de pensar em reformas mais amplas para a inclusão social de todos, buscam, por meio da obtenção do diploma, solucionar o seu problema particular de inclusão dentro das classes dirigentes. O curso universitário deixa de ser a busca do saber e do crescimento intelectual para pensar uma sociedade melhor e transforma-se num meio para atingir futuros benefícios socioeconômicos.

> Graças aos títulos, anéis de grau e demais dignidades que outorga, a universidade enobrece os seus membros docentes e discentes e cria, assim, uma modalidade peculiar de orgulho social, típica de nação subdesenvolvida, na qual, à falta de outros títulos legítimos de distinção, o povo venera os diplomas emitidos pelas escolas superiores. (Pinto 1994, p. 32)

A procura dos cursos superiores começa a ser maior a partir de 1940. Fernandes (1974), em estudo sobre a educação popular no Brasil, analisa que os países subdesenvolvidos são, também, os que mais dependem da educação como fator social construtivo. Todavia esses países não encontram, na situação sociocultural herdada, condições que favoreçam quer uma boa compreensão dos fins, quer uma boa escolha dos meios para atingi-los.

Com o avanço do século XX, ingressar na universidade provoca um tipo de orgulho social. Passa a ser uma forma ilusória de ter ascendido à classe dominante, o que leva os jovens das classes menos favorecidas a renegar sua classe para conseguir a almejada integração.

Na atualidade, com a disseminação das universidades privadas, esse quadro agrava-se mais, já que muitas delas, cujo escopo é fazer negócios, apontam exatamente para esses anseios das classes médias e baixas de obtenção de sucesso e prestígio mediante o diploma universitário, diploma que, de certa forma, minimiza o conflito proveniente da falta de igualdade social.

O caráter transicional de boa parte das sociedades latino-americanas (...) sua reiterada incapacidade para oferecer soluções estáveis às demandas de participação e desenvolvimento têm conferido à educação um papel privilegiado na assimilação dessas demandas e uma relativa autonomia ante as exigências do sistema econômico. (Rama 1987, p. 56)

Já que as universidades públicas têm maior nível de exigência, tanto para ingressar nelas quanto para cursá-las, e horários mais difíceis de compatibilizar com o trabalho, a maior parte das vagas é ocupada por membros das classes privilegiadas que tiveram uma boa escola primária e secundária (normalmente privada) e podem sustentar seus estudos sem necessidade de trabalhar. Dividindo a população em cinco quintos com diferentes níveis de renda, o IBGE (2003, p. 93) demonstra que 59,9% das vagas do ensino superior público estão ocupadas por 20% dos mais ricos e 23,1%, pelos que lhes seguem em escala descendente, perfazendo um total de 83% de vagas para aqueles 40% da população que gozam de melhores condições econômicas. Em escala ascendente, os 20% mais pobres ocupam 3,4% das vagas no ensino público universitário, os 20% que estão no patamar que segue em termos de pobreza ocupam 4,2% e os que estão no terceiro lugar ocupam 9,5% das vagas. Somadas as três classes, percebe-se que 60% da população, os três quintos menos favorecidos, ocupa 13,1% das vagas no ensino público de nível universitário.

Utilizando-se do eufemismo da "democratização do ensino", as universidades privadas, com menor nível de exigência no ingresso e durante os cursos, horários noturnos e outras facilidades, dão às classes menos privilegiadas a ilusão de ascensão social, provocando a desmobilização política dos seus membros, mediante a outorga, muitas vezes sem um nível mínimo de estudo, de um diploma que os coloca dentro da reduzida porcentagem da população que é portadora deste,[10]

---

10. Porcentagem sobre a qual os dados do IBGE são dúbios, desde que colocam apenas que aproximadamente 20% da população tem 11 anos de estudos ou mais. O número que se maneja, de forma não comprovada cientificamente, é que 5% da população brasileira teria diploma universitário.

mas que não lhes garante, muitas vezes, a colocação profissional condizente em razão, justamente, de não estar acompanhado do conhecimento necessário.[11] Rama (1987, p. 52) classifica os sistemas de ensino em: tradicional, de modernização social, de participação cultural, tecnocrático e de congelamento político, avaliando que "na América Latina as condições e etapas do estilo de modernização social têm prevalecido sobre as outras alternativas de transformação" (p. 56).

Esse estilo caracteriza-se, entre outras coisas, por gerar "expectativas de mobilidade intergeneracional (adjudicando) à educação (...) o papel de tribunal aparentemente neutro de seleção para as posições estratificadas" (Rama 1987, p. 58), por diminuir "os níveis acadêmicos que facilitam a promoção formal de setores de origem sociocultural baixa" (p. 60) e, finalmente, por propiciar "o crescimento de uma massa de intelectuais cujo volume torna difícil sua assimilação pelos mecanismos de poder" (p. 63), o que pode ser claramente comprovado em muitos cursos universitários do Brasil, entre eles os de turismo, em que grande parte dos alunos procura a ascensão social, as escolas diminuem suas exigências para "manter o cliente" e os bacharéis não encontram o lugar que esperavam nos setores públicos de planejamento do turismo.

A importância social do diploma está demonstrada pelas cerimônias de graduação. Estas se revestem de um caráter excessivamente solene e pomposo, com verdadeiras características de ritos de passagem nos quais todo o grupo de contato está envolvido. Não é por acaso que os estudantes começam a pagar sua cerimônia de formatura no primeiro ano de faculdade, ou seja, toda a vida do universitário gira em torno desse momento, e que nessa cerimônia a maior parte dos estudantes gasta mais do que em livros. O próprio ingresso na universidade é

---

11. Na atualidade já pode ser visto nos classificados de grandes jornais que egressos de determinadas faculdades não serão aceitos como candidatos a determinados cargos.

festejado com pompa, divulgado na comunidade, na vizinhança, com faixas na porta da casa e menção nos jornais locais quando se trata de cidades pequenas.

A universidade, tanto no momento do ingresso quanto no momento do egresso, dignifica as camadas sociais que não têm outras marcas de distinção. É a ponte que permite a inserção no mundo do dinheiro e do poder. O diploma universitário pode não propiciar a propriedade dos meios de produção, mas propicia o gerenciamento destes, o que significa uma forma possível e desejada de ascensão social.

2
TURISMO E CURSOS DE TURISMO

Os primeiros autores a sistematizar o conhecimento sobre turismo costumavam dizer que o turismo assentava-se no tripé transportes-agenciamento-alojamento. Em essência isso ainda permanece. Não há possibilidade de turismo sem transporte, abrangendo dentro desse conceito os meios de transporte (aviões, trens etc.), sem infra-estrutura (portos, aeroportos, estradas etc.), sem meios de hospedagem e rede de alimentação (ou de restauração, como se convencionou chamar), e não existiriam agências e operadoras se não houvesse turistas.

Na atualidade, consideram-se necessários o incremento e a melhoria de outras áreas para o crescimento e o desenvolvimento da oferta turística. Os equipamentos de apoio vêm sendo cada vez mais importantes, da rede de diversões à rede de compras, dos postos de gasolina à limpeza pública e à rede de esgoto, passando pelas telecomunicações, e torna-se cada dia mais necessário que haja uma superestrutura jurídico-administrativa profissionalizada, que planeje o turismo receptivo.

Há, em todas essas áreas, um leque impressionante de profissões distintas, como: pilotos, motoristas, comissários de bordo, aeromoças, faxineiros, copeiras, carregadores de bagagem, chefes de pista, organizadores de itinerários, engenheiros de transporte, gerentes de empresas, mecânicos, capitães de navio, marinheiros e cozinheiros, que seriam algumas das profissões vinculadas ao setor de transportes.

Cozinheiros, copeiras, faxineiros, arrumadeiras, garçons, *barmen*, gerentes, encarregados de reservas, governantas, recepcionistas, telefonistas, carregadores de malas, porteiros, ascensoristas, manobristas, *sommeliers*, *maîtres* e outros funcionários de apoio são profissionais comuns às áreas de hospedagem e restauração.

Recepcionistas, guias, gerentes, planejadores de produtos turísticos, atendentes, telefonistas e motoristas são algumas profissões ligadas ao agenciamento de turismo.

Planejadores, arquitetos, engenheiros, geógrafos e juristas são profissões ligadas à superestrutura jurídico-administrativa, ou seja, ao Estado, na sua forma de administração local, regional ou nacional.

Se continuarmos com cada um dos serviços de apoio, provavelmente chegaremos a centenas de profissionais, o que nos leva a reafirmar que o turismo gera empregos, porém devemos reconhecer que é quase impossível que todas essas funções sejam exercidas por pessoas com uma mesma formação.

Portanto, "trabalhar na área de turismo" pode ser um ato praticado por pessoas das mais diversas profissões, e "ser um profissional da área de turismo" torna-se a cada dia um conceito mais amplo que pode definir tanto um médico que trabalha a bordo de um cruzeiro marítimo, um publicitário que divulga uma ilha paradisíaca, quanto um advogado que defende os direitos dos turistas consumidores lesados por uma operadora.

Já "estudar turismo" pode ter duas interpretações. A primeira interpretação é "estudar num curso de turismo" e a segunda interpretação pode ser a de estudar o fenômeno turístico por outros olhares.

Se o turismo é uma atividade ou um fenômeno social que consiste no deslocamento voluntário de pessoas do seu local de residência para outro onde passam um tempo, por diversos motivos alheios ao trabalho, desencadeando uma série de serviços e atividades comerciais para satisfazer suas necessidades, é possível pensar num "profissional" dessa atividade? E quais as conseqüências disso?

Há fenômenos sociais de complexidade, dimensão e diversificação tais que tornam difícil pensar em "um" profissional.

Ninguém pensa em *um* profissional das migrações ou em *um* profissional da habitação. Pensa num fenômeno social que tem múltiplos atores e múltiplos olhares a estudá-lo.

Na área da habitação, há muitos profissionais: arquitetos, engenheiros, projetistas, paisagistas, decoradores, pintores, pedreiros, ajudantes de pedreiro, azulejistas, eletricistas, encanadores. Há o sistema financeiro da habitação, as imobiliárias e incorporadoras, o código urbanístico e o ministério. É difícil imaginar um curso de habitação ou um bacharel em habitação tão polivalente que possa ser tanto pedreiro quanto ministro.

Como fenômeno social, o turismo guarda enormes semelhanças com as migrações. Estas interferem nas questões trabalhistas, imobiliárias, alfandegárias, nos transportes, na educação, mas ninguém pensa em um bacharelado em migrações.

No entanto, o bacharel em turismo é esse superprofissional que pode ser tanto garçom quanto secretário de Estado. Serão realmente possíveis tanta flexibilidade e tanta polivalência?

O turismo, atividade que consiste no deslocamento temporário de pessoas com as características antes apontadas, requer, para seu estudo e para a provisão dos serviços pertinentes, diferentes profissionais para diferentes funções. São muito diversas as funções e as empresas que estão envolvidas na prestação de serviços turísticos.

Ritchie (1990, p. 122) já há mais de uma década conclamava, na reunião da Associação Internacional dos Expertos Científicos em Turismo, a atender "as diversas necessidades de uma indústria turística multidimensional (...) desenvolvendo marcos para o leque de programas multidisciplinares requeridos pelo turismo", baseado em que "não é possível atender a todas as necessidades específicas de cada setor da indústria" (p. 123).

A Organização Mundial do Turismo (OMT) também tem atestado

> (...) [que] o turismo apresenta uma grande diversidade e heterogeneidade de atividades que dificultam o tratamento conjunto (...). Isso também repercute no aspecto formativo. As ações devem ramificar-se de forma a marcar as diferenças entre essas atividades, embora a partir de uma idéia conjunta e coesa do setor. (OMT 1995, p. 46)

O padrão empresarial para essa nova era do capitalismo, chamada de "acumulação flexível", pode ser representado por círculos concêntricos, em cujo centro se encontra o grupo chamado de primário, caracterizado por flexibilidade funcional, tempo integral, estabilidade, boa remuneração, benefícios sociais e capacitação, entre outras vantagens. Seguem-se dois grupos periféricos. O primeiro é constituído por trabalhadores de tempo integral, qualificados, tais como secretárias, recepcionistas, escriturários e outros trabalhadores manuais, que têm menos oportunidades de fazer carreira na empresa e, conseqüentemente, convivem com a alta rotatividade. O segundo grupo periférico é constituído por trabalhadores de tempo parcial, os contratados por pouco tempo, os estagiários e outros similares, que têm pouca estabilidade, grupo este que tem crescido consideravelmente nos últimos anos (Harvey 1989, p. 151). Finalmente, no círculo externo, estão os autônomos, os subcontratados, os temporários e os terceirizados.

A idéia de flexibilização contida nessa estrutura não é a mesma adotada nos cursos de turismo do Brasil; nestes, a imagem de um funcionário polivalente foi mal interpretada. As empresas de turismo precisam de funcionários com flexibilização vertical e especialização horizontal, pessoas que, dentro de um hotel, possam tanto gerenciar uma área quanto carregar uma bagagem sem constrangimento, operar uma central de reservas e molhar as plantas da recepção se for preciso. Ao contrário, adotou-se aqui a flexibilização horizontal com rigidez vertical.

Hipoteticamente o bacharel em turismo pode trabalhar eficientemente no gerenciamento de qualquer empresa de turismo, lazer ou hospitalidade, da hotelaria até uma secretaria de Estado, porém não está apto ou não quer fazer trabalhos manuais. Isso pode ter sua explicação numa história marcada pela escravidão em que os membros das classes médias se recusam a qualquer trabalho braçal, mesmo dentro de casa, por considerar esse tipo de trabalho uma tarefa indigna ou humilhante.

Em outros países latino-americanos observa-se o mesmo problema. No Peru, conforme informações fornecidas por uma pesquisadora, há 30 anos são ministrados cursos de turismo em escolas, institutos e universidades e são tantas as ofertas educativas que o produto acaba sendo ruim. Os estudantes procuram uma inserção no planejamento governamental, mas os cargos públicos estão em mãos dos apadrinhados políticos, e os turismólogos acabam abrindo restaurantes, discotecas ou lojas de artesanato. Mesmo assim, no Peru há mais diversidade na formação, pois são oferecidos vários cursos: guia de turismo, administração de empresas turísticas, bacharelado em comunicação e turismo e bacharelado em turismo.

Na Argentina, a educação em turismo teve um percurso ligeiramente diferente, começando com os cursos tecnológicos (chamados de *pré-grado*), que depois se ampliaram para bacharelados (chamados *licenciaturas*) e para pós-graduações, como é o caso do curso de turismo da Universidad del Comahue, que oferece um bacharelado com duas ênfases: planejamento ou administração (Suárez 2001). Na Universidad Nacional del Sur, a ênfase em planejamento de turismo foi incorporada ao curso de geografia em 1991 (Vaquero e Ercolani 2001).

Coincidentemente ou não, o relacionamento entre a universidade e o poder público é bastante estreito. De acordo com Vaquero e Ercolani, a orientação para o planejamento de turismo no curso de geografia permitiu uma imediata inserção dos bacharéis nas funções públicas municipais das cidades da região em que a universidade se encontra. Niding (2001) informa que, nos últimos cinco anos, as universidades públicas que oferecem cursos de turismo vêm recebendo tantas solicitações das prefeituras das respectivas regiões para a elaboração de projetos turísticos, que começam a perceber a deficiência na formação dos alunos, já que os bacharelados provêm de uma tradição tecnológica que enfatizava a administração de negócios turísticos em nível de empresa privada.

Uma instituição que fez uma grande diferença no relacionamento entre poder público e universidade foi o Centro Interamericano de Capacitación Turística (Cicatur), que funcionou entre 1974 e 1983 com apoio da OEA, com sede no México e subcentros na Argentina e em Barbados.

> (...) la secretaría general de la OEA brindó un gran apoyo a los estados miembros en materia de formación profesional en turismo, puesto que muchos de los directores de las oficinas nacionales de turismo (algunos de ellos con rangos de secretarios y ministros), profesores de universidades y/o escuelas técnicas, propietarios y/o socios de consultoras en otras empresas turísticas fueron alumnos del sistema Cicatur. (Acerenza 2002, p. 13)

Um problema que parece ser comum em vários países, e que vem sendo objeto de estudo, é o da separação entre universidade, empresa e poder público, ainda que passados praticamente 40 anos desde a criação dos primeiros cursos universitários de turismo.

Para Collins (2002, p. 152), os cursos que preparam pessoas para trabalhar deveriam propiciar que as empresas oferecessem melhor qualidade em serviços, harmonia, cooperação efetiva, trabalho de equipe entre as diferentes organizações da *indústria* do turismo, reconhecimento da importância da sustentabilidade e desenvolvimento de políticas e programas de educação em turismo e hotelaria. Isso, de acordo com Baum (*apud* Collins 2002, p. 152), raramente tem acontecido, pois a educação para turismo e hotelaria "evoluiu de forma heterogênea e autônoma, com poucas ligações com as necessidades reais ou percebidas da *indústria*".

De acordo com a OMT (1995), em nível mundial, em geral,

> (...) os planos de estudo são inadequados para as exigências do setor (...) esta inadequação dos planos gera certo desânimo entre os estudantes, porque consideram que, ao final dos estudos, não estão preparados para ocupar um posto de trabalho para o qual teoricamente foram preparados. Gera-se, portanto, um *gap* entre as expectativas do aluno que finaliza a carreira e a realidade da indústria que ele encontra. (p. 88)

Por não ser comum, esse fato merece pelo menos que se iniciem algumas reflexões.

De um lado, essa separação parece ser emblemática da relação, apontada por Bourdieu, entre sistema educativo e sistema produtivo mediada pelo poder do diploma. De acordo com Bourdieu e Boltanski (1998), o diploma confere ao seu portador uma certa autonomia com relação ao sistema produtivo. Universaliza o trabalhador independentizando-o da empresa em que trabalha. O portador de um diploma tem direitos em todos os mercados e não apenas no lugar em que aprendeu o ofício, como acontecia nas corporações.

As empresas, por sua vez, preferem os funcionários "da casa", feitos sob medida para as necessidades específicas do sistema produtivo e para a reprodução do sistema socioeconômico dominante.

Na área de turismo é comum que as companhias aéreas e as cadeias hoteleiras prefiram capacitar seus funcionários oferecendo-lhes uma carreira que tem como ponto de partida os postos operacionais, e, com o tempo, eles vão ascendendo aos escalões de comando.

Os empresários de turismo simbolizariam "o sonho patronal de uma escola confundida com a empresa, de uma escola da casa" (Bourdieu e Boltanski 1998, p. 136). A OMT (1995, p. 86) explicita claramente essa questão quando analisa os tipos de formação possíveis, dizendo que a formação geral tem "o risco evidente de que a pessoa formada seja totalmente transferível a outra organização", ao passo que a formação específica tem como vantagens a melhora da rentabilidade da função concreta para a qual o trabalhador foi formado e a menor mobilidade deste, já que a reciclagem recebida não serve para outras organizações.

De outro lado, os diplomas conferem direitos universais e atemporais. O diploma "garante uma competência de direito que pode ou não corresponder a uma competência de fato" (Bourdieu e Boltanski 1998, p. 132), e isso de forma permanente.

Se os detentores de um diploma estão habilitados, por direito, a exercer determinadas funções na sociedade, mas a esse diploma não corresponde a capacitação requerida para desempenhá-las, haveria razão suficiente para a tão comentada separação entre meio acadêmico e meio empresarial.

Cabe a pergunta: Será que os diplomas que estão sendo conferidos nos cursos de turismo vêm acompanhados dos saberes necessários para o desempenho das diferentes tarefas da diversificada área de turismo ou, dado que 99% dos cursos são privados, no afã de matricular uma maior quantidade de alunos, esses cursos estão substituindo a diretriz de oferecer múltiplos perfis profissionais pela de formar um profissional com muitos perfis?

As diretrizes curriculares são claras quanto à autonomia que as instituições de ensino superior (IES) podem ter. Dessa forma, pode-se e deve-se evitar a tentação de reproduzir a cultura de massa, fazendo propostas curriculares amplas para conquistar todos os segmentos da "clientela".

Sem pretender generalizar, pode-se dizer que, no Brasil, em geral, estes três setores, empresas privadas, poder público e academia, atuam de forma isolada, sem dialogar entre si, constituindo o que poderia ser chamado de "universos paralelos".

O poder público está organizado nos níveis nacional, estadual e municipal. No nível nacional, há, na atualidade, um ministério, um instituto de promoção e um conselho. Nos vários estados há secretarias e nos municípios pode-se observar uma variedade de instituições que se ocupam do turismo, às vezes juntamente com cultura e esportes:

secretarias, departamentos, divisões, comissões, coordenadorias, fundações, centros e muitas outras formas de gestão. Também, sem fazer generalizações, pode-se afirmar que, na maior parte desses órgãos, a função de planejamento do turismo não é exercida por pessoas provenientes da academia nem com experiência na atividade privada, mas sim provenientes de quadros políticos sem conhecimento específico do tema turismo.

A atividade privada, o chamado *trade* turístico, está constituído pelas empresas de hospedagem, alimentação, transporte e agenciamento – nesse último item se incluem as operadoras, que são as que, em geral, planejam o turismo. Tampouco se observam muitos egressos da academia nas funções de planejamento das operadoras e, como é lógico supor, os interesses destas estão voltados à obtenção de lucros e à transformação de todo recurso em atrativo turístico, sem que temas como a preservação da natureza ou o respeito pelas culturas sejam tomados em conta ou, sequer, reconhecidos como parte integrante do processo turístico.

No terceiro universo, a academia debate-se, no Brasil, há 30 anos, tentando encontrar eco para a aplicação dos conhecimentos adquiridos de forma a otimizar um bom planejamento que considere o bem-estar de todos os atores do fenômeno turístico: os turistas, a sociedade receptora e as empresas.

Como resultado da falta de diálogo desses três setores, pode-se concluir, em primeiro lugar, que praticamente não se planeja turismo neste país. Confunde-se planejamento de turismo com divulgação de um recurso ou atrativo. Traduzindo: confunde-se planejamento de turismo com fotografia de cachoeira.

Em segundo lugar, quando há planejamento, este atende apenas aos interesses conjunturais do Estado para beneficiar determinado partido no poder ou aos interesses pontuais de uma operadora turística, de uma transportadora ou de uma cadeia de hotéis.

Ao mesmo tempo, anualmente são produzidos dentro da academia ricos trabalhos de conclusão de curso, monografias de especialização e, ultimamente e em menor escala, dissertações de mestrado e teses de doutorado abordando o turismo, cujo destino é, na maior parte dos casos, a estante das bibliotecas universitárias.

Muitas vezes os estudantes são encorajados a procurar os empresários do *trade* turístico e os órgãos públicos para tentar aplicar os seus projetos, cientificamente fundamentados, mas raramente alguma porta se abre para eles.

Uma das soluções encontradas pela universidade para superar o problema da falta de empregabilidade dos egressos é formar empreendedores que possam abrir seus próprios negócios. Como sugerem os estudos de Harvey antes citados, a pós-modernidade caracteriza-se pela ênfase no trabalho autônomo. A presente equipe de trabalho, porém, não encontrou nenhuma pesquisa que demonstre que a sociedade em geral e o setor de turismo em particular precisem de pequenos negócios. Parece que estamos diante de uma questão circular e paradoxal em que se tenta procurar um lugar na sociedade para egressos de um curso que a sociedade nunca demandou.

Pode-se objetar que houve casos de demanda social. De acordo com Ferri e Buratto (2001), o curso de turismo da Universidade do Vale do Itajaí (Univali) surgiu, em 1989, a partir da solicitação do poder público e dos empresários do Balneário Camboriú que previam o desenvolvimento turístico do local. Mas a pergunta é: Esses empresários queriam um curso universitário para formar gerentes ou queriam um curso técnico que formasse mão-de-obra? As notícias veiculadas neste verão na imprensa de Santa Catarina parecem indicar a segunda opção como resposta, visto que os empresários se queixam de que não há mão-de-obra qualificada e declaram haver milhares de vagas não preenchidas por essa razão. Em debate organizado pelo principal jornal de Florianópolis, em 26 de fevereiro de 2004, que reuniu os presidentes do Sindicato de Hotéis, da ABIH/SC e da Associação Brasileira de Restaurantes e Empresas de Entretenimento (Abrasel), além de representantes das Secretarias de Turismo de Florianópolis e de Balneário Camboriú, o representante da Abrasel, Luciano Bartolomeu, declarou que "o desafio continua sendo a falta de mão-de-obra qualificada. A oferta de emprego é de 3 a 6 mil no litoral e não temos gente treinada para suprir essa necessidade" (Araújo 2004, p. 17).

O contrário acontece no Canadá, onde há total clareza por parte do Estado e do *trade* sobre a "necessidade de pesquisa rigorosa como base para o bom desenvolvimento do turismo a longo prazo" (Ritchie 1990, p. 127), convicção que, para se formar, levou tempo e esforço por parte da universidade, dado que, como no Brasil, o *trade* canadense, chamado de *industry*, tinha, tradicionalmente, a visão de que a única possibilidade de fazer carreira na empresa turística era começando "de baixo" e sua atitude refletia "intrínseca falta de respeito por técnicos e falta de vontade de pagar salários apropriados para o pessoal da linha de frente" (*idem*, p. 131).

Um estudo realizado na Turquia revela que 87% dos egressos estão trabalhando na área de turismo, 83% entendem que o programa do curso da universidade pesquisada (Bilkent University, Ankara) foi efetivo para sua realização profissional e para 71% o curso correspondeu às expectativas. Também os empresários de turismo têm um olhar diferente sobre os graduados, valorizando-os pela sua capacidade de trabalhar em equipe, de compreender a política gerencial, de ser mais empreendedores e de ter mais autoconfiança (Collins 2002, p. 159).

O embate empresariado-universidade que está instalado há 30 anos no país significa, na verdade, o embate entre as necessidades "do mercado" e o desejo e o dever da universidade de formar pensadores.

Durante o 31º Congresso Brasileiro de Agências de Viagens e Exposições de Turismo – Feira das Américas 2003, foi abordado o problema da adequação dos cursos de graduação em turismo às necessidades do mercado.

Entre os problemas abordados, o mais grave identificado foi o fato de que a academia vem formando pensadores do turismo ao passo que o mercado precisa de profissionais polivalentes, criativos, que dominem idiomas e tecnologias.

Mas o que significa a palavra "mercado"? De acordo com Beni (2000, p. 145), "o mercado é uma troca de produtos ou valores: o comércio". O mercado de turismo, portanto, é a compra e venda de produtos turísticos. Trata-se de um mercado muito complexo, em que se combinam formas de concorrência perfeita e de concorrência imperfeita, e que pode, ainda, ser subdividido em dois mercados:

> (...) o do produto turístico que o consumidor compra (os roteiros de viagens ou pacotes turísticos [que] podem estar em concorrência perfeita mas tendem ao oligopólio (...) [e] o do insumo (caso dos pernoites hoteleiros em que a demanda depende do que acontece ao outro mercado (...). (Beni 2000, p. 151)

Formar "para o mercado" seria formar para comprar e vender serviços de diversidade e heterogeneidade ímpares. No caso das agências de viagens, essa afirmação é coerente: elas precisam vender seu produto, seus pacotes turísticos. *Trade* quer dizer comércio, e ao comerciante interessam pessoas com criatividade e maleabilidade para vender.

Mas, do ponto de vista do turista, seriam necessárias pessoas que prestassem serviços de qualidade, que pensassem o turismo.

"Pensar o turismo" é pensar o fenômeno em todas as suas dimensões, o que não é, a rigor, competência do *trade*, que não se ocupa do turismo como fenômeno, mas como objeto de consumo.

No caso de outras empresas de turismo, no receptivo, na hotelaria, na restauração, é necessária a formação para a prestação de serviços de qualidade, saberes operacionais para os quais não é necessário um curso universitário, e sim cursos específicos de capacitação ou escolas técnicas.

Num polêmico trecho de um prólogo de livro, um dos mais respeitados turismólogos do Brasil afirma que "a chamada proliferação de cursos de turismo e hotelaria pelo país, tão criticados por algumas pessoas mais ou menos ligadas à área educacional, foi responsável pela elevação dos padrões de qualidade dos serviços turísticos em geral" (Trigo, prólogo em Shigunov Neto e Maciel 2002, p. 7), e cita como exemplo o atendimento por ele recebido de uma jovem garçonete num restaurante temático. Não há dúvida de que a profissionalização das pessoas que atuam nos diversos setores do turismo melhora o atendimento aos turistas e, conseqüentemente, o desempenho do turismo no país. O que é, sim, questionável é o fato de o bom desempenho de uma garçonete ou uma comissária de bordo estar mediado por um curso universitário.

Defende-se, neste livro, a necessidade de entender o papel que cabe a cada nível de educação na formação de quadros para trabalhar nos diversos setores da área de turismo.

Pesquisas conduzidas em outros países demonstram a preferência por tecnólogos dentro das empresas. Na Austrália, somente 5% dos empregos em turismo estão ocupados por graduados universitários; no Reino Unido, 10% (Collins 2002, p. 160). A preferência é para contratar pessoas diplomadas com dois anos de faculdade, o que vem ao encontro dos desejos manifestados pelos estudantes de que os cursos sejam mais curtos. Mesmo no caso anteriormente citado, da Turquia, em que parece haver uma sintonia entre os cursos universitários e o setor comercial, os empresários queixam-se de que muitos universitários acham que sabem tudo e muitos conflitos são gerados dentro das empresas entre estes e os não-universitários; o mais surpreendente é que, na Turquia, o fator definitivo para a contratação de um profissional não é sua formação e sim suas características pessoais (Collins 2002, p. 159).

Partindo da definição do que deva ser universidade, cabe aos cursos universitários preparar pensadores e pesquisadores do fenômeno turístico, que terão, sem dúvida, um campo de trabalho muito restrito no planejamento e na gestão de todo o fenômeno, o que, a rigor, deveria ser papel do Estado.

Ao mesmo tempo, dentro da academia há disputas internas pelo turismo como objeto de estudo. Inicialmente a disputa aconteceu na área operacional, entre bacharéis em turismo e professores de educação física, em torno da recreação. Depois, entre geógrafos e turismólogos, a partir da organização, por parte dos primeiros, dos Encontros Nacionais de Turismo com Base Local. Notícias que nos chegam da Argentina mostram a disputa entre antropólogos e turismólogos.

Essas disputas não apenas são desnecessárias, mas são prejudiciais à sociedade, na medida em que, desse modo, a pesquisa não se desenvolve plenamente.

O turismo, fenômeno social total, segundo o conceito de Marcel Mauss (1974), não somente aceita, mas precisa do concurso de várias ciências para seu estudo e seu manejo.

É impensável um cientista que possa pesquisar, em profundidade, os impactos sociais, culturais, ambientais (no sentido estrito da natureza), os impactos macro e microeconômicos, os impactos psicológicos, os fenômenos de interação, as motivações e o comportamento dos turistas e que, ainda, possa planejar, executar e gerenciar não somente o fenômeno em si mas todos os equipamentos e a infra-estrutura necessários para que este aconteça.

Dessa forma, é preciso que os administradores contribuam com o seu conhecimento para gerenciar empresas turísticas públicas e privadas e que os economistas contribuam para a otimização dos aspectos financeiros. É necessário o concurso de profissionais da educação física para realizar atividades de recreação desportiva de forma segura, de nutricionistas para garantir uma alimentação saudável aos turistas, de arquitetos e urbanistas para garantir uma distribuição espacial adequada e de engenheiros sanitários e ambientais para que as urbanizações turísticas não se transformem em focos de poluição. É imprescindível o concurso de geógrafos e biólogos para verificar os impactos no meio natural, e, no que diz respeito aos impactos socioculturais, a antropologia, a sociologia e a ciência política têm um papel a desempenhar, tanto na pesquisa pura quanto na pesquisa aplicada ao planejamento do turismo, verificando, inclusive, o que é causa e o que é conseqüência dessa atividade.

Os cursos de turismo podem ser divididos em três tipos: aqueles que preparam pessoas para trabalhar na área de turismo, e que, de acordo com alguns autores (*apud* Collins 2002, p. 152), muitas vezes não educam mas se limitam a treinar; os cursos que tomam o turismo como objeto de estudo; e os cursos em que o turismo é utilizado para ilustrar disciplinas tradicionais, como antropologia, sociologia, geografia ou economia.

Em páginas anteriores foi definido o mercado de turismo. Há outro mercado, que é o mercado de trabalho, no qual o que se oferece são vagas para ascender a uma atividade remunerada.

O mercado de turismo é diferente do mercado de trabalho no setor de turismo. Esse mercado de trabalho parece ter características muito parecidas em todos os países estudados pela OMT. Citando dados recolhidos pela Organização Internacional do Trabalho (OIT), o órgão mundial de turismo atesta que o emprego na área apresenta elevada porcentagem de trabalhadores em tempo parcial, temporários e esporádicos, assim como importante presença de mulheres em cargos menores e poucas mulheres em cargos de responsabilidade; importante presença de trabalhadores estrangeiros e de jovens com escassa qualificação; grande número de trabalhadores clandestinos; menor remuneração do que em outros setores da economia; maior número de horas semanais de trabalho e menor grau de sindicalização (OMT 1995, pp. 30-31), características essas que fazem do turismo um setor de muito menor produtividade do que outros (p. 27).

Com esses dados, torna-se difícil imaginar para qual mercado deveria estar orientada a formação dos estudantes de turismo, de acordo com os empresários.

Dado que nem sempre o que os empresários necessitam é o que a sociedade necessita, qual o papel da universidade? Formar para um grupo específico da sociedade (os empresários) ou para o conjunto da sociedade mais ampla?

Como observa Ritchie (1990, p. 151), as instituições educativas precisam "trabalhar juntas para desenvolver os programas e currículos necessários para atender às necessidades da *indústria*", porém, sem esquecer que "a educação para o turismo precisa ser relevante (para a indústria turística), porém deve ser educação" (p. 125). Ritchie também observa que os programas que a Universidade de Calgary oferece estão pautados pela convicção de que se deve "desenvolver o turismo como parte do desenvolvimento social, econômico e cultural mais amplo de uma localidade ou região" (p. 147).

No Brasil, a sociedade precisa de planejadores de turismo responsáveis, pessoas com consciência social e ambiental que preparem os destinos turísticos para dar um bom atendimento ao turista e para que os lucros obtidos com as divisas trazidas por estes se distribuam eqüitativamente na sociedade, propiciando o bem-estar de todos.

É esse o objetivo dos alunos que entram na universidade?

Metodologicamente, apresentamos o turismo como área, dividindo-o em setores de atividade com diferentes profissionais e com diferentes perfis.

Meléndez (*apud* Barretto 1995, p. 149) propôs, na década de 1980, uma divisão de perfis adequados para cada setor de funções. Dividiu analiticamente o setor de turismo em nove áreas: planejamento geral, recursos e atrativos turísticos, facilidades de alojamento, alimento e transporte, organização gerencial e administrativa, recursos para o desenvolvimento, âmbito legislativo, medidas políticas e incentivos, estudos e pesquisas e instituições educativas formadoras. Para cada uma dessas áreas sugeriu as tarefas para as quais se requeria ensino superior, ensino médio e ensino básico. Por exemplo, na área de oferta alimentar, alojamento e transporte, é requerido ensino superior para desempenhar a função de administrador, ensino médio para cargos de supervisão e funções especiais como *chef* ou *maître* e ensino básico para trabalhar como garçom, telefonista e outras funções da linha de frente.

Ritchie (1990, p. 123) diz que, na verdade, não se deveria falar em indústria turística, mas, sim, em indústrias turísticas, no plural, dada a diversidade de empresas, instituições, pessoas e elementos envolvidos na atividade de turismo. Identifica oito setores: alojamento, transporte, alimentos e bebidas, atrações e eventos, recreação ao ar livre e atividades orientadas, desenvolvimento de passeios e aconselhamento de viagens, convenções e mostras comerciais, serviços de apoio.

Para cada um desses oito setores, diz ser indispensável distinguir os níveis de formação educacional requeridos para cada atividade: a linha de frente, os supervisores, os gerentes e os executivos seniores.

Esse autor, que, como sua escola na universidade de Calgary, província de Alberta, é hoje uma das referências mundiais em educação, já alertava há mais de uma década para a necessidade de rever permanentemente os programas de ensino de turismo com o objetivo de que eles garantam a empregabilidade dos egressos e respondam às necessidades locais (Ritchie 1990, pp. 137-138). Também deixava claro que os programas de ensino genérico de habilidades administrativas não atendiam à complexidade do turismo.

Spinelli (2002 pp. 115-116), que se define como pioneira em capacitação de pessoas para trabalhar na área de turismo, defende o ensino em diferentes níveis conforme os diferentes setores, com currículos orientados por ramos de atividade.

Os cursos de Portugal têm diferentes níveis de qualificação, que vão do I até o V. Só o IV e o V são de nível universitário (Salgado, Costa e Curado 2002, pp. 131-137).

Os cursos da Espanha, que desde o início balizaram os cursos do Brasil, oferecem vários níveis de formação e currículos flexíveis com um mínimo de 30% de disciplinas de livre escolha dos alunos de forma a possibilitar uma formação específica para os setores de hotelaria, agências, companhias aéreas e outras áreas relacionadas com a prestação de serviços e instalações turísticas, atendendo ao objetivo da universidade de propiciar um maior grau de especialização conforme a necessidade detectada na região onde o curso é ministrado (UIB s.d., p. 17).

Os cursos universitários de turismo no Brasil

Os primeiros cursos de turismo surgem no primeiro qüinqüênio de 1970, nas cidades de São Paulo, Brasília e Rio de Janeiro (Trigo 1991, pp. 45-51), numa conjuntura política, econômica e social peculiar tanto do ponto de vista mundial quanto nacional.

Em nível internacional, nessa época a universidade estava marcada pela revolução cultural de 1968, que, de Paris, se expandiu para o mundo.

Em nível nacional, havia uma conjuntura política de ditadura militar, voltada para a economia de mercado e com ideologia desenvolvimentista.

A origem dos cursos universitários de turismo no Brasil foi um pouco diferente da origem dos cursos de turismo na Europa ocidental e na América do Norte. De acordo com Jafari (1999, p. 41) e Rejowski (1996, p. 62), em outros países os cursos de turismo surgiram como uma extensão de outros cursos, notadamente os de administração hoteleira, ou como disciplinas dentro de cursos preexistentes, tais como geografia e administração. Nos Estados Unidos, surgiram a partir dos cursos de hotelaria, que, por sua vez, tiveram início na década de 1920 para suprir uma necessidade detectada, e foram sustentados economicamente pelos próprios empresários hoteleiros. Na década de 1950, foi criado o Instituto de Agentes de Viagens Credenciados, sustentado pela Sociedade Americana de Agentes de Viagem (Asta), e em 1958 Robert McIntosh foi designado como o primeiro professor de turismo na Universidade de Michigan, que teria seu primeiro bacharelado em turismo somente em 1969 (Drew 2003).

O intervalo de 47 anos entre o primeiro curso de hotelaria e o primeiro bacharelado em turismo evidencia o processo de amadurecimento da idéia em virtude das necessidades sociais.

No Canadá, na década de 1980, começa a ser percebida a necessidade de capacitar pessoas para trabalhar na área de turismo e, logo após, evidencia-se a necessidade de também formar o nível gerencial (Ritchie 1990, p. 121).

No Brasil, muitos cursos nasceram com autonomia própria, por iniciativas isoladas de seus fundadores. De acordo com depoimento colhido por Caturegli (*apud* Rejowski 1996, p. 62), o primeiro curso surgiu porque "havia um grande contingente de interessados [em curso técnico de turismo], mas todos já haviam terminado o curso colegial. Havia, também, a explosão de cursos novos, as mulheres estavam voltando aos bancos universitários".

Tratava-se de um conteúdo programático de cunho técnico-operacional, dirigido a um público cuja grande maioria procurava, fundamentalmente, um entretenimento para preencher o tempo deixado pelas atividades domésticas.

Após os acontecimentos da rua Maria Antônia, é compreensível que o governo totalitário em exercício apoiasse cursos novos com esse perfil.[1]

No plano educativo, o momento está marcado, por um lado, pela influência do humanismo francês, do qual se extrai o discurso de que a universidade não pode mais estar a serviço da elite, e, por outro, pelo pragmatismo estadunidense, do qual se extrai a prática de imprimir aos cursos um caráter profissionalizante, isso por meio dos acordos MEC/Usaid que estimulam o ensino tecnicista destinado à aprendizagem de habilidades que contribuam para o desenvolvimento industrial e tecnológico do país.

Ao mesmo tempo, há uma demanda por um maior número de matrículas em cursos superiores, estimulando indiretamente o surgimento de universidades particulares para suprir a falta de vagas no ensino público.

Na conjuntura econômica, essa época coincide com a "descoberta" do turismo como "indústria" promissora, que levou ao estabelecimento da Política Nacional de Turismo em 1966 e à criação da Embratur em 1967.

No plano social, é uma época marcada pela forte expectativa de ascensão social das classes médias. São cursos dirigidos exatamente a essa camada social, cujos membros vêem nesses cursos, de fácil ingresso e com um conjunto de disciplinas que, na sua maior parte, dão continuidade aos estudos de segundo grau, a oportunidade de ter, ao mesmo tempo, prestígio social e profissionalização.

---

1. A rua Maria Antônia, no centro de São Paulo, foi palco, em 1968, do maior protesto político estudantil da história do país.

No plano político, vive-se uma ditadura militar; cursos que promovam a reflexão, a crítica e a mudança social são desestimulados, e professores, e até alunos, são perseguidos; serão bem-vistos aqueles cursos que promovam o avanço tecnológico, uma visão otimista do momento político, a esperança no sucesso do modelo econômico e uma visão superficial do funcionamento da sociedade.

Os cursos de turismo, criando o imaginário das viagens, do *glamour* dos lugares exóticos, do luxo, são mais do que adequados à ditadura, pois mostram aos jovens a imagem de um mundo (ocidental, capitalista) perfeito onde milhões de pessoas viajam e consomem, um mundo onde não existem pobreza, doenças ou conflitos,[2] onde "todo mundo viaja", onde "todo mundo tem cada vez mais tempo livre" e onde seu trabalho será partilhar dessa fabulosa quantidade de dinheiro circulante, bastando para isso "explorar" as belezas do seu "país tropical, abençoado por Deus e bonito por natureza".[3] Quanto a tornarem-se um dia ricos como os turistas, é só seguir o modelo. Ajudar a fazer o bolo crescer para depois ficar com a sua fatia.[4]

Entretanto, o turismo, na medida em que exalta as belezas de um lugar, sejam elas naturais ou culturais, pode ser uma ferramenta a serviço da ideologia dominante, como foi demonstrado na década de 1930 por Mussolini na Itália, onde as colônias de férias foram utilizadas para difundir o ideário fascista (Barretto 1995, p. 54); na década de 1940, na Argentina, quando Perón estimulou o turismo interno para que as pessoas se tornassem nacionalistas por meio do *conhecimento* do seu país; e, na mesma década, no Brasil, quando Getúlio Vargas criou o Departamento de Imprensa e Propaganda (DIP), que tinha entre alguns

---

2. A única referência que se encontrava à pobreza nos manuais de turismo da época era que os pobres podiam ser um problema porque podiam incomodar os turistas, pedindo-lhes esmola. Isso mudará na década de 1990, quando os cursos mais importantes do país adequarão seu conteúdo à exigência de repensar a sociedade.
3. Letra de uma música popular da década de 1970.
4. Imagem utilizada na época para significar que o PIB do país precisa primeiramente crescer para que depois houvesse distribuição dos benefícios.

dos seus objetivos organizar e fiscalizar os serviços de turismo interno e externo e colaborar com a imprensa estrangeira no sentido de evitar que se divulgassem informações nocivas ao crédito e à cultura do país.

De acordo com Santos Filho (2003), a Embratur não foi criada apenas com o intuito de incrementar o turismo no Brasil, mas, também, para desfazer a imagem do país no exterior apresentada pelos exilados e pela imprensa internacional, atribuída, pelos militares, às calúnias dos comunistas.

> Estudos vêm apontando que a preocupação com o turismo em 1964 está vinculada à necessidade da divulgação de uma imagem que se contraponha à da ditadura militar: perseguição política e ideológica à população, como também desrespeito aos direitos humanos (...) Com esse intuito o regime político brasileiro cria imediatamente a Embratur, que, em conjunto com o Ministério das Relações Exteriores, tenta mudar a imagem do país no exterior. Tal iniciativa se manifesta por meio da criação de mensagens publicitárias, passando a idéia de país de eterna alegria, carnaval, sol, mulheres sensuais e de país exótico.

Isso pode ser verdade, já que há documentação que evidencia que as autoridades governamentais e universitárias brasileiras negavam verbas à arqueologia humanista proposta por Paulo Duarte (do antigo Instituto de Pré-História da USP), enquanto se implantava um Programa Nacional de Pesquisas Arqueológicas (Pronapa) comandado por pessoas ligadas ao Departamento de Estado dos EUA e à CIA (Funari 1994; Tamanini 1998).

As autoridades brasileiras combatiam prioritariamente o humanismo. Desse modo, os cortes orçamentários das universidades afetavam em primeiro lugar as ciências humanas. Vale lembrar que essas áreas do conhecimento, em especial a arqueologia e o turismo, sempre foram tidas como neutras e incapazes de produzir ideologias, poderes e controle social, porém esses exemplos demonstram que essa "neutralidade" é uma construção.

A abertura dos primeiros cursos universitários de turismo coincide, também, com a descoberta da educação como negócio. A partir daquele momento, e até hoje, um empresário que queira fazer um bom investimento sabe que a educação é o caminho.

A esse respeito é ilustrativa a declaração do ex-senador e ex-ministro da justiça Jarbas Passarinho:

> (...) sobre a privatização do ensino e colégios católicos (grã-finos), quando perceberam que tinham que se preparar para profissionalizar ou, pelo menos, simular a profissionalização (isso equivalia a oficinas, gastos etc.), passaram para o ensino superior. Pegaram a escola que tinha tantas cadeiras, quadro-negro e giz e disseram: "a solução é transformar a escola secundária em faculdade". Começou a corrida para as faculdades, que vinha da época do ministro Tarso Dutra. Tive que pôr limites no Conselho Federal de Educação (CFE). Então aí mudou. Houve privatização, primeiro, porque, como comecei a oferecer mais vagas no primeiro e segundo graus, e aumentar o grau de escolarização, essas escolas fugiram para o terceiro grau. Então o terceiro grau começou a se privatizar. No segundo grau, isso não é verdade; nós invertemos a grande injustiça do passado. Antes de 1964, 74% do 1º e 2º graus era privado e nós chegamos a mais de 80% público. Mas perdemos no 3º grau, pois o pessoal resolveu transformar as escolas. Isso aconteceu pelo efeito perverso que nos impôs o Congresso. (*Apud* Buffa e Nosella 1997, p. 157)

O investimento que as escolas precisavam fazer para aumentar o número de alunos no ensino médio, em termos de laboratórios somente, já justificava a opção pelo 3º grau. Se se trata de investimentos, é melhor investir em um produto que possa ser mais valorizado e, portanto, vendido mais caro.

Por outro lado, na medida em que o governo aumentou o número de vagas no ensino público de 1º e 2º graus, diminuiu a clientela para o ensino privado, que passou, dessa forma, a oferecer um produto diferenciado, dentro da mais pura lógica dos negócios, que entra, definitivamente, no campo da educação.[5]

---

5. Chegou a haver, na década de 1970, escolas muito caras, para onde a classe média-alta enviava seus filhos rebeldes, que nem mesmo assistiam às aulas. Os cursos ministrados por essas escolas ficaram conhecidos como "cursos pagou-passou".

Dentro dessa lógica, não é interessante profissionalizar no 2º grau, quando se pode ter o "cliente" pagando durante mais quatro anos pela mesma formação.

Quanto menor for o custo do curso, quanto menos laboratórios precisar, maior será a lucratividade. Não é por acaso que se abrem inúmeros cursos de administração e áreas afins, que ainda hoje têm lousa e giz como principais ferramentas pedagógicas.

Os primeiros cursos de turismo, assim como os de comunicação, eram, na década de 1970, chamados, jocosamente, de "cursos de espera-marido", com predomínio do público feminino, que supostamente os freqüentava enquanto esperava por momentos mais emocionantes por vir. Não interessava exigir a assimilação do conhecimento que estava sendo ministrado, apenas vender uma mercadoria chamada educação, traduzida num diploma que se obtinha com pouco esforço, desde que se pagassem as mensalidades.

A análise de declarações de estudantes tomadas entre 1980 e 2000 evidencia que grande parte deles ingressa nos cursos de turismo porque gosta de viajar. As empresas que eles mais procuram para trabalhar são companhias aéreas e agências, pois, nas primeiras, podem obter passagens com descontos significativos e, nas segundas, sempre surge a oportunidade de realizar *famtours* (viagens de familiarização com o produto a ser comercializado) e trabalhar como acompanhantes de grupos.

Uma resposta muito comum dos estudantes, na atualidade, à questão sobre o motivo pelo qual escolheram o turismo também é: "porque é a profissão do futuro", afirmação que eles repetem, pois leram nos folhetos das faculdades de turismo, dentro de um círculo tautológico no qual as faculdades elaboram um discurso que é difundido pela imprensa e que, por sua vez, realimenta o discurso das faculdades.

Coincidem, também, os cursos de turismo com o crescimento do setor de serviços no mundo inteiro e o giro que a economia começa a dar para o setor terciário.

O turismo vem sendo considerado uma atividade emblemática da pós-modernidade. Lash e Urry (1994, pp. 252-277), citando vários autores, tais como Baudelaire, Simmel, Benjamin, Le Corbusier, Berman e Friedman, afirmam que "central to the idea of modernity is that of movement, that modern societies have brought about some striking changes in the nature and experience of motion or travel".[6]

Para esses autores, o século XX está caracterizado pela crescente possibilidade de mobilidade, em razão dos usos culturais dados aos avanços tecnológicos, e pelas mudanças na autonomia das pessoas, até o ponto de, na pós-modernidade, as pessoas serem consideradas turistas a maior parte do tempo, seja quando estão elas próprias em movimento ou quando estão vivendo a experiência de um movimento simulado por meio de imagens eletrônicas (Lash e Urry 1994, p. 259), idéia central do já clássico livro *O olhar do turista* (Urry 1990).

Do ponto de vista econômico, o turismo apresenta muitas das características que definem a pós-modernidade. A mais marcante delas é o fato de pertencer ao setor de serviços, para o qual se deslocou o eixo da produção a partir da década de 1970. Outra é a flexibilidade, que vem caracterizando nos últimos 30 anos o processo de trabalho, o mercado de trabalho, os produtos e os padrões de consumo (Harvey 1989, pp. 141-172). Na área de turismo, o processo de trabalho caracteriza-se pela diversidade de tarefas a serem desempenhadas por uma mesma pessoa; no mercado de trabalho, pelos contratos temporários que atendem ao fenômeno da sazonalidade.[7]

Outras das características da pós-modernidade são o gosto pelo eventual e pelo efêmero, pelo diferente e pelo espetáculo, assim como a mercantilização da cultura (Harvey 1989, p. 156), o que se verifica no turismo, na proporção em que os gastos com serviços e experiências crescem em relação ao consumo de bens tangíveis ou duráveis e aumenta

---

6. No centro da idéia de modernidade está a de movimento e a de que as sociedades modernas têm estado acompanhadas de mudanças radicais na natureza e experiência do deslocamento ou da viagem. (Tradução de Margarita Barretto)
7. Também conhecido como estacionalidade, é o fenômeno decorrente da demanda por turismo em determinados períodos (temporadas) do ano.

a procura por contatos com manifestações culturais, tanto autênticas quanto encenadas.

Do ponto de vista ético, deixam de ter importância as metanarrativas que defendem valores universais (Lyotard, *apud* Harvey 1989, p. 45). Isso permite que as pessoas gozem do lazer sem culpa em uma sociedade marcada pela valorização do trabalho e a condenação do ócio.

A pós-modernidade também está caracterizada pelo declínio da diferenciação entre alta cultura e cultura popular (Harvey 1989, *passim*), o que abre espaço para o surgimento de novas carreiras e profissões não-tradicionais, entre as quais as carreiras de turismo.

3
DISCUTINDO O ENSINO UNIVERSITÁRIO DE TURISMO

Para entender o conceito de ensino universitário de turismo discutido neste livro, é preciso traçar um histórico do conceito de universidade e de suas nuanças conforme o tempo e o lugar.

Até os séculos X e XI aproximadamente a educação geral era ministrada pelos religiosos e os saberes específicos para os ofícios eram ministrados nas corporações, tendo apenas valor dentro delas. Tratava-se de saberes vinculados exclusivamente à prática de ofícios, sem teorias explicativas.

A universidade, como escola teórica cujos títulos eram reconhecidos em qualquer lugar (*studium generale*), surgiu na esteira dos "mestres livres que atuavam junto às escolas episcopais" (Manacorda 1989, p. 145).

Calcula-se que isso tenha acontecido por volta de 1200 d.C. (século XI), época em que teve início também o ensino do direito romano em Bolonha, que marca o começo da história da universidade medieval (Manacorda 1989, p. 146).

O termo *universitas*, que significa comunidade ou corporação de qualquer espécie (Bolonha começou como uma corporação de estudantes), passou, com o tempo, a significar centro para aprendizagem avançada, seguindo o modelo da *universitas* de Paris, que começou como uma instituição de mestres.

A idéia era manter a unidade do conhecimento básico para todas as especialidades, proporcionando aos futuros especialistas uma formação inicial (Luckesi *et alii* 2001, p. 31).

O modelo atual de universidade surgiu no século XIX, a partir do sucesso da Universidade de Berlim (1810). Seus princípios eram os da pesquisa livre por parte de estudantes e professores e atraiu pesquisadores do mundo inteiro, que introduziram os seminários, os laboratórios científicos e o estudo monográfico. Pode-se afirmar que "a universidade moderna, como centro de pesquisa, é (...) uma criação alemã, preocupando-se em preparar o homem para descobrir, formular e ensinar a ciência" (Luckesi *et alii* 2001, p. 33).

A universidade moderna, portanto, está caracterizada pela pesquisa, pela discussão e pela produção de conhecimento, o que faz com que seja considerada uma instância avançada em relação ao ensino de técnicas de forma reprodutivista.

No Brasil, a partir de 1930, pelas questões colocadas no capítulo anterior, "o ajuntamento de três ou mais faculdades podia legalmente chamar-se de universidade" (Luckesi *et alii* 2001, p. 34).

A universidade, porém, não é isso. É uma instituição destinada a formar cientistas, profissionais do saber que possam ajudar a sociedade a encontrar "os instrumentos intelectuais que, dando ao homem consciência das suas necessidades, lhe possibilitam escolher meios de superação das estruturas que o oprimem" (Luckesi *et alii* 2001, p. 43), um lugar para "agir entendendo e entender agindo" (*ibidem*, p. 47).

De acordo com a Declaração Mundial sobre Educação Superior (Unesco 1998, pp. 16-17),

(...) a missão desta é: a) educar e formar pessoas altamente qualificadas; b) promover um espaço aberto de oportunidades para o ensino superior e para a aprendizagem permanente; c) promover, gerar e difundir conhecimentos por meio da pesquisa; d) contribuir para a compreensão, a interpretação, a preservação, o reforço, o fomento e a difusão das culturas nacionais e regionais, internacionais e históricas; e) contribuir na proteção e na consolidação dos valores da sociedade; f) contribuir para o desenvolvimento e a melhoria da educação em todos os níveis, em particular por meio da capacitação de pessoal docente.

No item *a* está especificado que a educação e a formação de pessoas qualificadas implicam a oferta de qualificações relevantes, incluindo capacitações profissionais nas quais sejam combinados conhecimentos teóricos e práticos "de alto nível, mediante cursos e programas que se adaptem constantemente às necessidades presentes e futuras da sociedade" (Unesco 1998, p. 16).

Da afirmação anterior decorre que a universidade deve qualificar e capacitar profissionalmente desde que essa capacitação não seja apenas operacional, haja embasamento teórico e as práticas sejam de maior complexidade do que as que podem ser aprendidas em outros níveis de ensino. Outra conseqüência é que deve haver pesquisas constantes para modificar os programas de acordo com as mudanças sociais.

A universidade deve ser um lugar de reflexão crítica sobre a realidade; um lugar onde conhecimentos com base científica sejam criados (Luckesi *et alii* 2001. p. 30).

Deve, além de transmitir e produzir conhecimento, educar no sentido amplo de conduzir ao exercício da cidadania plena.

O conceito de cidadania tem mudado ao longo da história. O primeiro conceito de que se tem conhecimento é o surgido na Grécia, segundo o qual ser um cidadão pressupõe ocupar-se dos assuntos da coletividade.

O direito romano introduz uma modificação no conceito de cidadania.

A cidadania grega representava a comunidade e a participação. Não era externa ao indivíduo, algo de que se precisasse reclamar como direito. A cidadania romana, ao contrário, parece externa aos indivíduos, uma questão de direitos de reivindicação, ao invés de participação. (Abranches 1985, p. 9)

Durante a Idade Média, o conceito de cidadania muda novamente, passando a definir um *status* privilegiado determinado pela participação de um grupo de pessoas nos negócios do governo, seja de uma corporação, de um feudo ou de uma cidade medieval.

A cidadania moderna começa com a Revolução Francesa; é um ataque aos privilégios dos grupos de *status* e consiste na posse e no exercício de direitos políticos, de participação nos negócios do Estado, por todas as pessoas.

O conceito moderno de cidadania refere-se

(...) às obrigações e aos direitos, construídos juridicamente e estabelecidos por leis que regem e definem a situação dos habitantes de um Estado-nação (...) é um instrumento político e jurídico para regular a participação dos indivíduos na sociedade. (Ruben 1984, pp. 64-66)

O conceito de cidadania, além de ter mudado ao longo da história, é complexo. Para melhor compreendê-lo, é útil a proposta realizada por Marshall (1967, p. 63), de observar três aspectos essenciais da cidadania: o político, o civil e o social.

O aspecto civil da cidadania refere-se aos direitos individuais, de ir e vir, direito à propriedade; o aspecto político é o direito de escolher governantes ou ser escolhido para governar; e o aspecto social contempla o direito a um mínimo de bem-estar e à plena integração dentro do processo civilizatório da sociedade na qual o indivíduo vive.

O que entendemos nesse contexto por cidadania plena é o exercício de direitos e deveres sociais, políticos e civis.

Não podemos negar que essa universidade ideal está enfrentando, já desde as últimas décadas do século XX, várias crises. Uma delas é a crise da hegemonia, que, de acordo com Santos (1994, p. 166), acontece

(...) sempre que uma dada condição social deixa de ser considerada necessária, única e exclusiva. A universidade sofre da crise de hegemonia na medida em que sua capacidade de desempenhar cabalmente funções contraditórias leva os grupos sociais mais atingidos pelo seu déficit funcional (...) a procurar meios alternativos de atingir seus objetivos.

Para Gramsci, a industrialização pôs em crise a escola de cultura humanista "desinteressada", trazendo sua própria escola "interessada", profissionalizante, técnica e ideologicamente imediatista (*in* Nosella 1992, p. 113). Assim, vivenciamos um modelo de educação que é fruto da condição social e histórica da humanidade, que, a nosso ver, busca atualmente superar a dualidade humanista "desinteressada" e tecnicista-profissionalizante. Essa polarização se localiza no âmago dos atuais projetos político-pedagógicos dos cursos de turismo.

No Brasil, na área de turismo, essa crise de hegemonia está evidenciada, por um lado, pelas dificuldades de implantar cursos de nível superior que levem em consideração as premissas do papel político construtivo do ensino universitário, ou seja, a produção de novos saberes e com isso a formulação de postulados epistemológicos necessários para essa área de conhecimento em construção. Por outro lado, em razão da desconsideração desses aspectos conceituais e políticos, o que se observa é uma crescente perda de credibilidade dos diplomas universitários para obtenção de empregos na área. Soma-se a isso a crescente oferta de cursos organizados pelo próprio empresariado. As companhias aéreas, por exemplo, oferecem, há muito tempo, cursos de capacitação para seus futuros trabalhadores, não sendo possível ascender a um trabalho sem fazer esses cursos específicos, mesmo sendo portador de um diploma de bacharel. Tais questões também estão no bojo das problemáticas da educação superior no Brasil hoje. As reformas realizadas porém inconclusivas e a Lei de Diretrizes e Bases não foram capazes de criar regulamentações e definições sobre a abertura indiscriminada de alguns cursos superiores e em especial sobre o papel das instituições de ensino superior privadas neste país.

Outra das crises enfrentadas pela universidade, decorrente da polarização do conceito de educação e de suas finalidades, relaciona-se aos métodos de ensino.

Os paradigmas instituídos nos séculos XVI e XVII pela *Ratio Studiorum* dos jesuítas estavam fundamentados nas teses racionalistas e empiristas da construção do conhecimento, as quais centravam o ensino na figura do professor, cuja tarefa estava restrita à transmissão de conhecimentos prontos e acabados, orientados para uma formação desinteressada. Numa tentativa de superar esses paradigmas criou-se a Escola Nova.

Os princípios educacionais escolanovistas, fundamentados no pragmatismo, sugerem a figura do professor como coordenador da produção do conhecimento, reconhecendo o educando como construtor deste. Porém, atualmente, avançando um pouco mais nessa discussão, a teoria sócio-histórica tem provocado os educadores a compreender o processo de ensino e aprendizagem numa relação dialética com o contexto sociocultural, buscando entender que a exigência deixa de ser a de memorização de conteúdos para promover a reflexão e a crítica sobre a realidade vivida, e que para isso também não basta que o professor seja um articulador das discussões, mas é preciso que ele saiba transmitir os necessários conhecimentos acumulados ao longo da história da humanidade.

> A idéia que proporíamos da escola é a de um *campus* onde não se viesse, em primeiro lugar, a aprender coisas, o que pode ser feito em casa, sozinho, com uma máquina, mas aprender a ligação que as coisas têm com a ação e a sabedoria de viver (...) a fim de ligar, isto é, de completar, relativizar, criticar e confrontar o aprendido com a sociedade e a ação.
> (Babin e Kouloumdjian 1989, p. 150)

Essa mudança seria muito boa para a universidade se houvesse uma instância anterior, dentro do sistema educativo, que permitisse a apropriação dos conhecimentos produzidos até o momento, ou se houvesse o compromisso por parte dos estudantes de adquirir os conhecimentos por meio da bibliografia acumulada ou das diversas formas eletrônicas e audiovisuais de difusão do conhecimento à disposição da sociedade hoje.

O que se afirmou acima pressupõe uma infra-estrutura extraescolar de educação continuada, como casas de cultura, bibliotecas públicas e outras, pois, caso contrário, somente aquelas pessoas provenientes de uma família com tradição de estudos poderiam se beneficiar dos novos métodos de aprendizagem. Saviani (1984) aponta a contradição existente entre a suposta democratização do ensino com base na substituição dos métodos tradicionais por novos e a verdadeira democracia, já que, para as classes menos favorecidas, a aquisição de conhecimentos dentro da escola formal é um caminho para a igualdade. Deixando os conteúdos de lado e privilegiando a discussão e a experiência de vida do aluno, assim como suas peculiaridades, a nova pedagogia promove, em lugar da democratização do saber, a perpetuação da hegemonia das classes que já o detêm. Para o autor, "(...) a importância da transmissão de conhecimentos foi secundarizada e subordinada a uma pedagogia das diferenças, centrada nos métodos e processos" (1984, pp. 64-69).

Atualmente vemos surgir um novo paradigma educacional, o do desenvolvimento das competências, para atender às demandas de um mercado que precisa de profissionais adaptáveis às constantes modificações da sociedade pós-industrial.

(...) o capital passa a defender o desenvolvimento de competências, para o que deve propiciar formação flexível e continuada de modo a atender às demandas de um mercado em permanente movimento (...) capacidade para lidar com a incerteza (...) e para tomar decisões rápidas em situações inesperadas. (Kuenzer 2001, p. 18)

Mas isso não quer dizer que os conteúdos devam ser dispensados. Ao contrário, devem ser ampliados, já que a realidade se torna cada vez mais ampla, mais complexa e mais exata. Vivemos no que Canetti (1990, pp. 73-76) denominou "realidade crescente", em que os conhecimentos intuitivos perdem espaço. Cada vez há mais conhecimento para ser adquirido e os novos processos produtivos demandam "o domínio não só de conteúdos, mas dos caminhos metodológicos e das formas de trabalho intelectual multidisciplinar" (Kuenzer 2001, p. 18).

Dessa forma, quando a transmissão de conteúdos é substituída pelo desenvolvimento de habilidades e competências, está-se privilegiando aqueles que já dominam os conteúdos, os que ingressam na universidade pré-qualificados, porque provêm de uma família qualificada ou de uma escola primária qualificada. Aqueles que não pertencem a uma ou outra categoria continuarão improvisando, como demonstra a recente pesquisa realizada pelo Inep, que conclui que no *provão* "os conceitos mais elevados ficaram com alunos cujos pais têm curso superior completo" (Diário Catarinense 2003).

Assim, o paradigma educacional fundado na concepção de uma formação de competências só responde aos interesses do mercado. Necessitamos perguntar quais competências caberia à universidade desenvolver, a quem interessaria essas competências e se é possível desenvolver competências sem selecionar conteúdos.

O turismo, por ser emblemático da contemporaneidade, tanto pelo significado dos deslocamentos quanto pelas suas características no plano econômico (que serão explicitadas mais adiante), incorporou rapidamente a substituição dos conteúdos pela criação de habilidades e competências, ao mesmo tempo em que congregou muitos docentes neoliberais comprometidos com o avanço do capital (Castanho 2001, p. 35), compromisso que pode ser causa ou conseqüência de sua atuação nas empresas do ramo. Outra característica, já ressaltada anteriormente, é que, em sua maioria, os cursos de turismo de nível superior têm priorizado planos pedagógicos tecnológicos, do que decorre a grande dificuldade de constituir um processo educacional voltado à concepção humanista de educação.

A evidência empírica, nos cursos de turismo, foco da nossa discussão, é que a maior parte dos alunos desenvolve uma enorme capacidade de crítica e discussão, com base no senso comum, sem jamais se apropriar do *corpus* teórico existente. De um lado, porque, não tendo tempo nem gosto pelo estudo fora da sala de aula, espera que esse conhecimento seja "passado" pelo professor como se este tivesse uma varinha de condão ou, quem sabe, no melhor estilo do filme *Matrix*, pudesse instalar os conhecimentos mediante um *chip*; e, de outro, porque transmitir a quantidade de conteúdos e ensinar a quantidade de habilidades exigidas pelos programas que pretendem formar um profissional polivalente requereria um tempo proporcional à quantidade de "profissionais em um" proposta.

Pode-se dizer que, nesse caso, a crítica aos métodos diretivistas, à pedagogia da memorização, ao "ensino bancário" e a todas as formas tradicionais levou a um vazio conceitual. Substituiu-se conteúdo por criatividade, atendendo a um mercado que quer "um profissional criativo" para vender melhor os seus produtos. A universidade comprou o discurso, levando assim a que, a cada monografia, os alunos "criem" produtos que já vêm sendo criados há 20 anos, num permanente reinventar a roda sem verificar o conhecimento acumulado, contribuindo, dessa forma, para que não haja desenvolvimentos significativos na teoria turística.

Estabeleceu-se assim outro paradoxo: pela falta de conteúdos, só conseguem bom desempenho e/ou bons empregos aqueles alunos que realizam outras graduações ou que tiveram a possibilidade de ampliar seus estudos fora das universidades, porque, embora os empresários procurem criatividade para vendas, a criatividade está alicerçada em conhecimento prévio do que já foi criado, ou seja, não há criatividade sem esforço, sem o estudo do que já se produziu em termos de conhecimento.

Observamos, portanto, que no paradigma educacional da formação por competências não há alteração na base filosófica, o paradigma ainda é o da lógica formal aristotélica cartesiana. Não conseguimos vislumbrar nessa perspectiva pedagógica o contexto social e cultural dos sujeitos a serem formados. Essa pedagogia acaba por se caracterizar, no Brasil, como uma volta ao princípio pedagógico tecnicista, que coloca a educação a serviço do mercado, como se esta não tivesse um fim em si mesma.

No Brasil, a crise da universidade também se deve ao fato de o aumento da oferta de cursos universitários ter sido pautado pela quantidade e não pela qualidade, sobretudo no que se refere à oferta de cursos privados. Na mencionada pesquisa, o Inep também constatou que

> (...) do total de cursos de universidades públicas que participaram do exame, 52,5% ficaram com o conceito A ou B (...) Nas instituições privadas apenas 19,3% dos cursos alcançaram as mais elevadas avaliações, enquanto 30,9% ficaram com as mais baixas. (Diário Catarinense 2003)

Somado a isso temos que nos Estados Unidos, na Austrália e na Nova Zelândia se levantam vozes defendendo que o ensino superior seja incluído entre os 12 serviços comerciais inseridos no Acordo Geral sobre o Comércio de Serviços (GATs), regulamentado pela Organização Mundial do Comércio (OMC), para que haja o menor número possível de restrições aos fornecedores (Rodrigues 2003), o que, se acontecer, provocará uma mudança radical dos valores educacionais cultivados ao longo da história da humanidade, tornando inúteis todos os esforços dos educadores do passado e do presente para fazer da educação de boa qualidade um direito de todos.

Da realidade à utopia

Por vezes os discursos têm versado sobre a educação para a democracia e a cidadania; no entanto, uma análise mais global de discursos e práticas mal esconde o propósito de transformar a educação numa agência racionalmente orientada para o mercado de trabalho, para a criação de vantagens competitivas entre os seus sujeitos, para a aprendizagem e a docência individuais, distando de intenções quanto a um possível aperfeiçoamento social (Mancebo 1998).

Sem negligenciar a fertilidade dos diversos cenários que se apresentam no mundo contemporâneo, entendemos ser de fundamental importância resgatar na agenda educacional brasileira a atribuição da educação superior. A tarefa colocada a essa instituição é a de responder às novas exigências da sociedade contemporânea, redimensionando o seu papel diante da diversidade social, ético-cultural e dos desafios postos pelas novas abordagens mundiais.

Pretende-se, a seguir, vislumbrar alguns aportes que nos vêm permitindo fundamentar a construção de um projeto político-pedagógico de um curso universitário de turismo, começando, para tal, por analisar as diretrizes internacionais e nacionais que vêm conduzindo os rumos pedagógicos dos cursos no país.

Numa publicação muito confusa do ponto de vista teórico e metodológico, denominada *Educando os educadores em turismo*, a OMT (1995) assinala algumas diretrizes básicas sobre o que deveria ser ensinado nos cursos de turismo.

De acordo com essas orientações, "o valor fundamental da educação é sua capacidade para produzir competências que sejam transferidas de forma eficiente ao local de trabalho" (p. 72). Sugere-se que "os desenhos educativos devem (...) estar orientados para o objetivo final: a aplicação no momento competitivo" (p. 77); propõe-se que os alunos sejam vistos como clientes e afirma-se que "um sistema educativo de qualidade deve evitar a geração (...) de objetivos que, mesmo sendo eficazes, não respondam às necessidades do cliente" (p. 72).

Diferentemente de Ritchie (1990), que, como já foi visto, coloca em primeiro lugar a função docente, essa publicação apresenta uma proposta de ensino instrumental, em que a educação não tem valor em si mesma, mas apenas como meio para que um determinado setor da economia tenha sucesso.

Coerente com essa visão de educação, a OMT propõe a criação de um sistema de ensino de turismo de excelência para satisfazer o conjunto da *indústria* (o que nós chamamos *trade*) e a administração turística (setor público). Esse sistema de ensino deveria "contemplar de forma equilibrada as necessidades de todos os setores da atividade que integram a *indústria* turística¹ sem esquecer que, por sua vez, estes incluem subsetores de atividade" (OMT 1995, p. 121).

Para definir um projeto de um sistema educativo de qualidade, são propostas quatro fases, das quais destacaremos a primeira, denominada análise das necessidades formativas e definição de um novo projeto educativo, na qual deveriam ser executadas as seguintes tarefas:

- identificar os setores da atividade;
- identificar os postos de trabalho de cada subsetor;
- priorizar subsetores;
- analisar o conteúdo dos postos de trabalho;
- definir as necessidades formativas e atuais.

De posse desses dados, a OMT (1995, pp. 122-124) sugere passar à segunda fase, que, entre outras ações, prevê a especialização dos centros de formação para ministrar programas específicos que permitam obter um maior nível de eficácia.

Outra tentativa de intervenção na área de educação em turismo por parte da OMT foi o lançamento da metodologia Tedqual (Tourism Education Quality) (WTO 1997). Nesse manual foram estabelecidos padrões de qualidade para o ensino do turismo em nível mundial, visando à adequação deste às necessidades de treinamento dos empregadores para obter vantagens competitivas.

Como podemos observar, o direcionamento teórico-metodológico indicado pela OMT propõe a criação de curso por especialidades (ênfases), delimitadas com base nas necessidades do mercado; levando-se em consideração essas necessidades, propõe-se, então, a elaboração de projetos político-pedagógicos que dêem conta de formar alunos com competências para atuar na área condizente com a ênfase do curso.

---

1. Aqui, "indústria turística" tem o sentido de atividade turística.

Nesse modelo, a orientação para formação de competências estaria sendo ditada pelas necessidades do mercado e não por um projeto de sociedade e de humanização, que, a nosso ver, deveria incluir conhecimentos, capacidades e habilidades para possibilitar a atuação do sujeito na realidade imediata, porém não objetivando somente um projeto de adaptação a esta, mas sempre contribuindo para a construção da humanização, que passa pela criação de um mundo mais inclusivo, justo e igualitário.

Projetos humanos que sempre impulsionaram o homem a criar e reinventar a sociedade e o mundo constituem a essência do ensino universitário, ainda que diante das atuais condições mercantilistas do ensino particular.

Desse ensino universitário devem emergir as diretrizes teórico-pedagógicas para uma formação capaz de possibilitar a adaptação do aluno à realidade, compreendendo que o atual mercado faz parte dessa realidade. Contudo, o aluno não pode ser moldado, submetido a essa realidade presencial; deve ser capacitado para que, inserido nesse processo de adaptação, saiba construir um mecanismo de criação de uma sociedade melhor para todos. Como sabiamente definiu Adorno (2000, pp. 143-144):

> A educação seria impotente e ideológica se ignorasse o objetivo de adaptação e não preparasse os homens para se orientarem no mundo. Porém, ela seria igualmente questionável se ficasse nisto, produzindo nada além de *well adjusted people,* pessoas bem ajustadas, em conseqüência do que a situação existente se impõe precisamente no que tem de pior (...) Evidentemente a aptidão para se orientar no mundo é impensável sem adaptações. Mas ao mesmo tempo impõe-se equipar o indivíduo de um modo tal que mantenha suas qualidades pessoais. A adaptação não deve conduzir à perda da individualidade em um conformismo uniformizador (...) esta tarefa de reunir na educação simultaneamente princípios individuais e sociais, simultaneamente (...) é particularmente difícil ao pedagogo no estilo vigente.

O desafio a que nos orientam Theodor Adorno e tantos outros grandes pensadores da educação é o da construção de uma pedagogia capaz de dar conta de uma formação emancipatória e ao mesmo tempo capaz de permitir ao ser humano sua inserção social, o que inclui necessariamente a questão da exigência de conteúdos, pois não se pode transformar o que não se conhece profundamente.

Na década de 1990, com a finalidade de ajustar os cursos de turismo à formação acadêmica, possibilitar e promover a credibilidade destes, as Diretrizes Curriculares Nacionais elaboradas pelo Ministério de Educação, que tiveram em sua base filosófica as idéias do pensador Edgar Morin, elencaram uma série de competências e habilidades tão ampla e ambiciosa que acaba conflitando com as reais possibilidades de formação, já que, praticamente, precisaria haver cursos dentro dos cursos para formar profissionais específicos para uma profissão geral. Esse perfil generalista tenta atender ao novo paradigma educacional que propõe uma educação capaz de fornecer uma ampla formação humanística aliada a uma sólida competência técnica.

Ou ainda podemos cogitar que, na expectativa de satisfazer novamente o mercado, o MEC criou uma proposta que abarcasse todas as competências indicadas por este, competências que deveriam, segundo o mercado, ser desenvolvidas ainda no processo de formação acadêmica e, para satisfazer conselheiros da academia, aquelas apregoadas para a formação da cidadania.

Só como exemplo, citaremos algumas habilidades requeridas do "profissional de turismo":

- *Expressar-se no seu idioma, em inglês e espanhol.* Não é preciso ser professor de idiomas nem lingüista, basta ter feito um curso de alguma língua para saber que só se aprende um idioma estrangeiro após muitos anos de estudo, ou em cursos de imersão total, intensivo, de 500 horas-aula, com laboratórios.

- *Compreender a complexidade do mundo globalizado e das sociedades pós-industriais.* Esse quesito requer não apenas ser sociólogo, filósofo, cientista político e cientista social, mas ter uma vasta experiência de vida, e isso para tentar entender esse tipo de sociedade.

Esse profissional ideal projetado pelas diretrizes curriculares do MEC deve também saber relações públicas, *marketing* e administração de empresas, que são conhecimentos que se adquirem em cursos específicos de quatro anos de duração cada um.

Se fossem somadas as carreiras paralelas que o suposto "profissional de turismo" deveria cursar para ter o perfil desejado pelo MEC, este deveria ficar na universidade durante um mínimo de 15 anos.

Os conteúdos básicos são tão díspares quanto o perfil polivalente desejado e incompatíveis com uma verdadeira profissionalização em qualquer setor. Juntam-se conteúdos necessários ao desempenho de atividades empresariais a outros necessários à pesquisa e ao planejamento.

Qual o significado da disciplina "parques temáticos e aquáticos"? Trata-se de administrar um parque? Trata-se de ser recepcionista num parque, de instalar brinquedos? Significa saber onde estão os parques do mundo?

Como exigir que uma pessoa interessada em estudar antropologia aplicada ao turismo esteja, ao mesmo tempo, interessada em matemática financeira e consiga um bom desempenho em disciplinas tão díspares?

Só para ter uma idéia da diversidade de saberes requeridos para trabalhar na área de turismo, podemos citar Beni (2000, pp. 192-197), que identifica 40 diferentes funções dentro de uma agência de turismo (operadora) e 53 dentro de um hotel. Hipoteticamente um curso de turismo e hotelaria estaria capacitando uma pessoa para exercer, no mínimo, 90 funções diferentes, sem contar as outras áreas de serviços turísticos, tais como alimentação, informação, guiamento, entretenimento, informação, transporte, saúde, segurança etc. Se se admite que essa multicapacitação excede as possibilidades do ser humano normal, o resultado é a formação de generalistas com uma noção superficial do funcionamento do sistema e com noções superficiais de como executar algumas tarefas, o que não preenche os requisitos nem para pensar o turismo nem para prestar serviços de qualidade. Para pensar o turismo requer-se um aprofundamento focalizado no estudo dessa atividade e suas repercussões como fenômeno social, e para exercer tarefas requer-se um aprofundamento no aprendizado de técnicas operacionais.

Para minimizar essa dificuldade, uma das possibilidades aventadas pelas novas diretrizes curriculares do MEC é a flexibilização dos cursos, de modo a permitir que os alunos cursem as disciplinas que lhes interessam, conforme ocorre em outros países. No citado exemplo da Universidade de Calgary, há um centro de estudos turísticos para o qual convergem diferentes faculdades, onde os estudantes cursam diferentes disciplinas que são necessárias aos conhecimentos de turismo. Esse modelo parece muito com o projetado para a Univali (Ferri e Buratto 2001), e, embora não conste vinculação no artigo de referência, há uma grande possibilidade de que Calgary tenha servido como modelo estrutural.

Mas essa possibilidade de cursar diferentes disciplinas em diferentes faculdades está facilitada, no caso dessa universidade, porque o ensino, no Canadá, é gratuito.

Algumas experiências com disciplinas optativas ou eletivas em instituições privadas, no Brasil, têm encontrado vários problemas administrativos, como a cobrança dos créditos, o preenchimento de vagas para atingir o número de alunos imprescindível para tornar a disciplina economicamente viável, a superposição de horários e a indisponibilidade de períodos para cursar essas disciplinas quando se trata de alunos trabalhadores. Dado que no Brasil mais de 90% dos cursos de turismo são particulares, a flexibilização desses cursos está comprometida.

Entendemos que, para oferecer um bom curso universitário de turismo, a flexibilização não é suficiente e pode, até, levar a uma falta de compromisso ainda maior por parte das instituições de ensino superior (IES).

É preciso, em primeiro lugar, definir qual a concepção de turismo que orienta as propostas dos cursos, pois, se compreendemos o turismo como fenômeno social entrelaçado pelos aspectos econômico, político, cultural e ecológico, podemos definir melhor qual será o perfil do aluno de turismo e qual devam ser os alicerces teórico-metodológicos do projeto político-pedagógico dos cursos de turismo, assim como o perfil dos docentes.

É óbvio que uma primeira premissa teórico-metodológica deva ser a de possibilitar conhecimentos que visem potencializar as funções psicológicas superiores,[2] as quais permitem compreender esse fenômeno e suas inter-relações. Portanto, essa proposta de ensino deve privilegiar conhecimentos (informação) capazes de tornar possível essa compreensão, porém essa capacidade de compreensão só se desenvolve se o ensino (metodologia de ensino) se materializar em práticas capazes de potencializar funções tais como capacidade de observação, análise, crítica e síntese. Também é preciso lembrar que isso só se faz possível na medida em que as aulas aliarem conhecimentos teóricos e práticos, ainda que por muitas vezes o que se categorize por prático seja a leitura da realidade por meio de observação, análise e crítica.

Nessa perspectiva vislumbramos uma formação filosófico-humanista, que Adorno (2000) conceituou de formação para consciência, que deve estar orientada tanto para o presente, quanto para o futuro.

Para transformar é preciso primeiro interagir e, assim sendo, cabe também ao ensino formar pessoas para interagir na realidade da qual faz parte o mercado de trabalho.

Gramsci, na revista *Ordine Nuovo* de 21 de junho de 1919, já refletia sobre essa concepção de educação e já se questionava: "Como soldar o presente ao futuro, satisfazendo as urgentes necessidades do presente e trabalhando para criar e 'antecipar' o futuro?" (*in* Nosella 1992, p. 32).

---

2. De acordo com Vygotsky (1991), as funções psicológicas superiores são de origem sociocultural e diferem-se dos processos elementares, que são de origem biológica. As funções psicológicas superiores (formas mediadas de comportamento) são as que distinguem a psique humana da dos animais. Na teoria sociocultural as funções psicológicas superiores referem-se à memória mediada, capacidade de planejamento, análise, síntese etc.

Esse e outros grandes educadores há muito tempo vêm discutindo a indissociabilidade entre o saber técnico/prático e o saber filosófico/teórico, que infelizmente a condição histórica da humanidade por vezes dissociou, em razão de modelos de sociedade que o homem criou em determinados períodos.

É por compreender que esses modelos são historicamente datados e culturalmente construídos que acreditamos que outros modelos podem ser criados e verdadeiramente vivenciados.

Faz-se urgente recuperar a indissociabilidade do pensar e do fazer. Como dizia Gramsci, "é preciso recuperar a capacidade de trabalhar manualmente (tecnicamente, industrialmente) com o desenvolvimento das capacidades de trabalhar intelectualmente" (*in* Nosella 1992, p. 114). Assim, é preciso saber privilegiar no currículo conhecimentos técnicos pertinentes à área de atuação profissional pretendida no curso e, por meio deles, possibilitar a reflexão e a análise do turismo como fenômeno social.

Construir uma proposta de ensino que concilie saber desinteressado com saber interessado[3] é sem dúvida o norte filosófico-metodológico de uma nova proposta de ensino universitário para o turismo.

Assim, com a convicção de que o ensino universitário deve ser antes de tudo ensino e de que deve atender à sociedade e não apenas a parcelas desta, no ano de 1999 começou a funcionar o curso de turismo com ênfase em meio ambiente, na cidade de Joinville (SC), destinado a formar profissionais que pensem em novas alternativas para o turismo da cidade que possam, eventualmente, universalizar-se como paradigmas.

Partiu-se, nesse curso, de um conceito de ensino universitário orientado para o desenvolvimento das funções psicológicas superiores

---

3. O ensino desinteressado refere-se ao ensino que propõe uma formação para longe no espaço e no tempo, que vê a humanidade, a história, o coletivo e a garantia da utopia humana. O ensino interessado refere-se ao ensino para adaptação, para o presencial, o imediato.

dos estudantes, das capacidades e habilidades cognitivas emancipatórias que lhes permitam uma leitura crítica e reflexiva da realidade.

Em quatro anos é possível a construção de competências técnico-metodológicas, no entanto, aliá-las a um ensino que potencialize as funções psicológicas dos alunos reduz o tempo destinado à formação especificamente técnica. Assim sendo, se alicerçarmos a construção de competências técnicas na potencialização das funções psicológicas superiores, estaremos formando um sujeito intelectualmente autônomo, capaz de aprender a aprender, de construir instrumental técnico-metodológico para agir tecnicamente.

Por isso consideramos fundamental definir, no projeto político-pedagógico do curso, qual é o seu projeto social, com base em quais necessidades e por quais setores da sociedade foi solicitado, identificar seu marco situacional e em relação a este perguntar qual realidade indicou sua implantação, que conceito de sociedade e de homem possibilitou estruturar seu referencial filosófico-pedagógico e, por fim, identificar qual é sua contribuição social, ainda que localmente situada.

É preciso compreender que ensinar é uma ação social intencional que dever ser planejada, portanto, deve possuir referencial filosófico-pedagógico.

Outra grande tarefa é definir qual o conceito de turismo que orienta essa proposta político-pedagógica. É preciso estabelecer suas bases conceituais, pois delas dependerá toda a organização da grade curricular e das práticas de ensino que deverão ser implementadas no processo pedagógico do curso.

O projeto político-pedagógico do curso de turismo do Instituto Superior Luterano e Centro Educacional Bom Jesus/Ielusc, aqui tomado como experiência, primeiramente definiu as referências filosófico-pedagógicas que se tornaram seu marco referencial, tendo como cenário o seu espaço socialmente demarcado, que podemos chamar de marco situacional.

Assim, nesse processo de construção de ensino, que concebemos como o político entrelaçado com o pedagógico – pois a educação é um ato político na medida em que exige posicionamento, escolhas que orientam nossa ação –, fomos construindo o dia-a-dia do fazer pedagógico e definindo os nossos rumos com relação ao referencial teórico.

É preciso, também, compreender que um projeto pedagógico que pretenda formar sujeitos autônomos intelectualmente, capazes de intervir na realidade social, não pode ter por fundamento as teorias de ensino e aprendizagem que se norteiam por uma lógica aristotélico-cartesiana. Ainda que a lógica formal se faça necessária em muitos dos nossos procedimentos cotidianos, é preciso compreender que ensinar e aprender são ações sociais e psíquicas de grande complexidade, portanto há que se buscar aporte teórico nas concepções teórico-pedagógicas que se referenciam numa lógica dialética do conhecimento humano.

Assim, no curso de turismo com ênfase em meio ambiente mencionado, as referências teórico-conceituais que balizam o trabalho pedagógico estão sustentadas por pensadores como Vygotsky, Bakhtin, Leontiev, Luria, Paulo Freire, Saviani, Antônio Gramsci, Adorno e outros; educadores que, por meio de um pensar dialético, têm indicado caminhos para a construção de uma prática pedagógica emancipadora do ser humano; pensadores que compreendem a ação de aprender e ensinar como ações socioculturais e ideologicamente situadas.

Nessa perspectiva fomos engajando professores que, mesmo que nem sempre por uma posição explícita do ponto de vista teórico-conceitual, demonstravam possuir, além de competência intelectual e docente, uma concepção e uma prática sociais que os faziam comungar com o projeto do curso, projeto este que eles, nesses anos de construção, vêm ajudando a consolidar.

Apesar de não haver uniformidade de pensamento, de identificação com marcos teóricos e filosóficos, razão pela qual o grupo nem sempre trilha os mesmos caminhos, o que faz com que esse grupo se concentre nesse projeto de curso diz respeito a um objetivo de ordem maior, que é o desejo de contribuir para a construção de uma sociedade mais justa; portanto, os caminhos nem sempre são os mesmos, porém o objetivo comum é o que os orienta. Assim, podemos dizer que não há receitas, é preciso definir posições político-ideológicas que orientem opções teórico-metodológicas, as quais devem permitir uma ação administrativo-pedagógica que possibilite a construção participativa de um projeto de formação universitária.

Assim, desde o primeiro momento optou-se pela qualidade pedagógica com responsabilidade social, eliminando o vestibular de inverno, com ciência de que havia um limite de demanda possível por bacharéis em turismo na região.

Pensou-se na necessidade local. O município de Joinville pertence à região norte de Santa Catarina e está situado entre as margens da baía da Babitonga e a Serra do Mar. Seu povoamento oficial deu-se por meio da imigração européia por incentivo do governo imperial, e sua fundação ocorreu em 1851, embora já houvesse famílias de descendências portuguesa, açoriana e africana residindo na área há mais de um século, assim como remanescentes de culturas pré-colombianas datados de aproximadamente 6.000 anos.

Oriundos de áreas agrícolas e urbanas da Europa, os imigrantes foram se situando na então chamada colônia Dona Francisca (pertencente a São Francisco do Sul), no espaço entre os manguezais e a Serra do Mar, espaço que apresenta hoje graves problemas ambientais ocasionados pela ação antrópica.

Perante essa realidade, o curso nasceu com uma grande meta: contribuir para a implantação de um turismo orientado para o desenvolvimento local, o que implica a reversão dos problemas ambientais, trabalhando com o conceito de meio ambiente que o define como o conjunto de meios naturais ou artificializados da ecosfera onde o homem se instalou e que explora e administra, bem como o conjunto dos meios não submetidos à ação antrópica e que são considerados necessários à sua sobrevivência (Jollivet e Pavé 1997).

Partiu-se da convicção de que o papel da universidade é estudar o fenômeno turístico em relação à sociedade em que está inserido, e da premissa de que o turismo, como fenômeno social, reproduz e reflete os problemas dessa sociedade, da política econômica, das políticas públicas na área da educação e da saúde, da política trabalhista, da (in)justiça distributiva, enfim, do modelo econômico e político que essa sociedade escolheu.

O curso teve como primeiro fundamento o princípio de que o homem é o sujeito do turismo, tanto o homem turista/visitante, o homem-comunidade, quanto o homem que trabalha nas áreas de turismo. O segundo princípio foi o de que a ética deve balizar as relações entre os sujeitos envolvidos, orientando as tipologias turísticas a serem oferecidas. O terceiro princípio é o de que a atividade turística precisa ser sustentável em todos os sentidos, social, econômico, ecológico, cultural e político, racionalizando o uso turístico dos lugares de modo a propiciar a preservação do meio ambiente em sentido amplo, que inclui meio natural, patrimônio histórico-cultural e modo de vida das populações. O quarto princípio é o de que o turismo deve propiciar a melhoria das condições de vida das comunidades receptoras e não apenas a de um setor empresarial.

Como conseqüência dessa orientação, que reflete novos paradigmas que se opõem à mercantilização indiscriminada da natureza e da cultura, houve resistência por parte dos setores que têm uma visão reducionista do turismo como fenômeno econômico e do turista como um portador de dinheiro. A tendência de alguns setores de formação de opinião na época da criação do curso era de que o curso seria "contra o turismo" simplesmente por ensinar normas de preservação ambiental, conceitos como capacidade de carga e sustentabilidade. A grande pergunta era: Por que um curso de turismo com ênfase em meio ambiente para Joinville?

O grande dilema do turismo é que há um número máximo de visitantes (por dia/mês/ano) que uma área pode suportar, antes que ocorram alterações nos meios físico e social, mas há um número mínimo de visitantes que é necessário para que os equipamentos turísticos sejam economicamente viáveis e essas quantidades dificilmente coincidem. Dessa forma, a proposta turística tem de obedecer a critérios de qualidade de forma a provocar um efeito benéfico do ponto de vista econômico sem deteriorar a natureza e sem interferir negativamente na vida da população local.

Diferenciando ciência de senso comum, dogmatismo, ideologia ou especulação, vem sendo estimulada a pesquisa científica de modo a elaborar teorias que sistematizem os dados da prática e que contribuam para pensar a prática do turismo e subsidiar as técnicas de planejamento de turismo responsável.

Apesar das posturas anteriormente mencionadas, muitos empresários, representando vários setores da sociedade local, compreenderam e apoiaram a proposta. Dessa forma, na elaboração do projeto pedagógico e dos projetos de pesquisa em andamento, contemplou-se a opinião dos participantes quanto às necessidades de Joinville no aspecto turístico e quanto ao papel da universidade na elaboração de diretrizes para que esse turismo aconteça de forma responsável.

Entre as instituições mais interessadas em melhorar a qualidade de vida dos sujeitos envolvidos no processo, estava a Epagri, empresa do estado dedicada a pesquisa agrícola e extensão rural, com a qual se realizou uma parceria para melhorar a qualidade do turismo rural da região, recentemente implantado, que apresenta problemas tais como a competição entre empreendedores, a desagregação dos valores tradicionais rurais e o abandono das atividades agrícolas em razão do comércio de produtos direto ao consumidor, o que descaracteriza o próprio turismo rural já que o processo está esvaziado da própria vida rural.

Entende-se que o caminho para o amadurecimento criterioso do curso dependerá do grau de intervenção na realidade circundante, por meio da extensão, função que consiste em levar os resultados da pesquisa universitária a vários segmentos da população, na forma de programas e projetos de ação social e comunitária que apontem a solução de problemas detectados, mas sem cair no mero assistencialismo.

A extensão, que já aparece como prática universitária no século XIII, só aparece como conceito, na Inglaterra, no século XIX e, na

América do Sul, na Universidade de Córdoba, Argentina, em 1918, com suas propostas de popularização da universidade. No Brasil, ganha destaque na década de 1960, e, na atualidade, é um conceito ainda em discussão. De acordo com Oliveira (2003), podem ser identificadas três concepções: a tradicional ou funcionalista, que vê a extensão como um instrumento assistencialista; a concepção processual, que vê a extensão como a ponte entre a universidade e a sociedade; e a concepção crítica, que

> (...) enxerga a extensão como componente intrínseco da pesquisa e do ensino, isto é, para que haja coerência naquelas atividades, é necessário que elas sejam desenvolvidas radicalmente vinculadas ao contexto social, respeitando suas demandas e necessidades. Por outro lado, a extensão só pode se efetivar se for através das próprias atividades de ensino e pesquisa, não tendo sentido que seja institucionalizada ou mesmo desenvolvida como atividade autônoma. (Silva e Speller, *apud* Oliveira 2003)

O tripé ensino, pesquisa e extensão, na sua concepção crítica, tem direcionado as linhas de ação do curso. O trabalho teórico-metodológico realizado tem demonstrado caminhos e alternativas pedagógicas bastante significativas. Nesse cenário, pode-se destacar a importância do professor bem formado, instrumentalizado especialmente para o exercício da docência. Nos cursos de turismo em geral e neste em particular, também há profissionais que vêm de outras ciências e de campos profissionais distintos, que, se por um lado contribuem para a interatividade, por outro, acabam por não contemplar as exigências formais e quase exclusivas dos cursos de turismo.

Como já observado anteriormente, o turismo é um campo de saber extremamente problemático e seu estudo é ainda incipiente, o que torna mais difícil o trabalho do docente, cuja formação, por sua vez, também é complexa e demora a ser construída. É raro encontrar professores que exerçam sua autonomia político-educativa, que atuem com base em concepções interativas e reflexivas, com métodos inovadores e, ao mesmo tempo, com o nível de exigência requerido. Isso justifica o grande esforço na formação permanente do quadro de professores, que tem sido a tônica desse curso, com seminários semestrais de capacitação. Já que cabe ao ensino superior transmitir um conjunto relativamente vasto de conhecimentos que não são acessíveis cotidianamente, é preciso desenvolver habilidades específicas na área da didática, para tornar esses conhecimentos presentes, compreensíveis, úteis, considerando ainda que o público discente apresenta singularidades e deficiências acadêmicas que refletem o modelo de educação adotado neste país ao longo dos séculos.

Na dimensão da contribuição social do ensino superior para a produção de novos conhecimentos, investiu-se de modo significativo, seja na interação com outras instituições no sentido de trocas e acúmulos de experiências para a formação institucional e docente permanente, seja na integração imediata dos discentes no mercado de trabalho.

Para essa integração houve necessidade de supervisionar os estágios. Em toda a literatura consultada sobre o ensino de turismo, o estágio nas empresas de turismo é considerado o momento-chave para que o estudante estabeleça a relação entre teoria e prática. Os objetivos do estágio no curso de turismo com ênfase em meio ambiente são, resumidamente, possibilitar aos acadêmicos o desenvolvimento de atividades técnico-operacionais e possibilitar uma inserção nos órgãos públicos, nas instituições ou empresas de turismo para conhecer, observar e analisar as atividades desse setor. Um acompanhamento permanente por parte da instituição foi necessário a fim de garantir que os estudantes não se transformassem em mão-de-obra barata ou gratuita, como acontece em muitas ocasiões.

No que se refere à extensão, entendemos que cabe à universidade socializar seus conhecimentos, difundindo-os à comunidade, transformando-se, assim, numa força viva, capaz de elevar o nível social, cultural e econômico da sociedade.

Desse modo, a estruturação do plano político-pedagógico desencadeou debates e estudos mais densos sobre o processo de estruturação do curso e suas inter-relações com a comunidade. As reuniões para a consolidação desse plano agregaram representantes dos docentes e da comunidade empresarial e política local, que se pronunciaram sobre a contribuição que esperavam que o curso desse para a cidade.

Nesse contexto, entendemos que a pesquisa contínua e a relação com a comunidade são as formas de intervenção que o ensino superior de turismo pode ter para superar a banalização sofrida por esse setor ao longo dos anos, no Brasil.

Para obter resultados, têm-se investido tempo e esforço em encontros e reuniões envolvendo diferentes setores internos e externos.

Em nível científico, foram organizadas, anualmente, semanas acadêmicas, sempre direcionadas às problemáticas do curso, fóruns, seminários, conferências, palestras, jornadas e um grande evento nacional, cuja temática central é o turismo como fator de desenvolvimento local.

Foram criados o Núcleo de Estudos em Turismo e Meio Ambiente (Nematur) e o Laboratório Multifuncional em Turismo (Lamtur), cujos projetos de pesquisa e extensão, respectivamente, subsidiam o ensino e permitem uma efetiva ação na comunidade, fundamentalmente nas áreas dedicadas a diversas formas de turismo em áreas rurais, onde a ênfase no cuidado com o meio ambiente natural e cultural deve ser maior.

Os resultados começam a ser visíveis.

Uma pesquisa realizada em 2003 com os alunos ingressantes revelou que os principais motivos que levaram os estudantes a procurar o curso foram a vontade de melhorar as propostas de turismo para a sociedade e o desejo de contribuir para o cuidado com o meio ambiente no exercício profissional, o que indica, também, uma mudança de valores por parte desses alunos em relação ao perfil dos que se encontram em outros cursos de turismo.

A primeira turma formou-se em agosto de 2003, realizando monografias reveladoras da preocupação com meio ambiente e cidadania desenvolvida pelos alunos, como, por exemplo:

- Análise do Parque Municipal Morro do Finder como unidade de conservação e espaço de turismo e lazer (Samir Alexandre Rocha).

- O uso racional da água em meios de hospedagem como fator de contribuição ao turismo sustentável (Rosane Margaret Meyer).

- Análise da percepção dos atores sociais envolvidos direta ou indiretamente no turismo em espaço rural – Bonito-MS (Ivandir Hardt).

- A contribuição da educação ambiental para o ecoturismo: Estudo de caso das áreas de proteção ambiental Dona Francisca e Quiriri (Natália Tavares Azevedo).

- Caracterização biótica e histórias de vida na região da serra Dona Francisca: Subsídios para a construção de práticas ecoturísticas em uma unidade de conservação (Paulo Tajes Lindner).

- A trajetória do processo de desenvolvimento do turismo rural da Estrada Bonita – Joinville (SC) – e sua interação com a comunidade (Carla Alfredo Fabre).

- Morro do Amaral. Problemáticas e perspectivas de uma comunidade residente em área de potencial turístico (Denise Aldanei Marques).

De 17 egressos, um foi admitido no mestrado acadêmico da Universidade Federal de Santa Catarina e dois tiveram seus trabalhos publicados em congressos, o que significa atingir uma boa qualidade científica.

BIBLIOGRAFIA

ABRANCHES, Sergio H. (1985). "Nem cidadãos, nem seres livres: O dilema político do indivíduo na ordem liberal democrática". *Dados: Revista de Ciências Sociais*, nº 1, vol. 18. Rio de Janeiro, pp. 5-23.

ACERENZA, Miguel A. (2002). "Una aproximación al diagnóstico de la situación de la enseñanza del turismo en el nivel superior en Latinoamérica". *Alcuth* – Revista de la Asociación Latinoamericana de Carreras Universitarias de Turismo y Hotelería. Lima: Universidad de San Martín de Porres, jan., pp. 7-28.

ADORNO, Theodor (2000). *Educação e emancipação*. Rio de Janeiro: Paz e Terra.

ARAÚJO, Viviane (2004). "Debate". *Diário Catarinense*. Caderno de Economia. Florianópolis, 26/2, pp. 16-17.

BABIN, Pierre e KOULOUMDJIAN, Marie-France (1989). *Os novos modos de compreender: A geração do audiovisual e do computador*. São Paulo: Paulinas.

BARBEIRO, Heródoto e CANTELE, Bruna R. (1999). *Ensaio geral: 500 anos de Brasil*. São Paulo: Cia. Editora Nacional.

BARRETTO, Margarita (1995). *Manual de iniciação ao estudo do turismo*. Campinas: Papirus.

_____ (1996). "Produção bibliográfica em turismo no Brasil". *Turismo em Análise*, nº 2, vol. 7, nov., pp. 93-102.

BENI, Mário (2000). *Análise estrutural do turismo*. São Paulo: Senac.

BOURDIEU, Pierre e BOLTANSKI, Luc (1998). "O diploma e o cargo: Relações entre o sistema de produção e o sistema de reprodução". *In*: BOURDIEU, Pierre. *Escritos de educação*. Organizado por Maria Alice Nogueira e Afrânio Catani. Petrópolis: Vozes.

BUARQUE, Cristovam (1991). *O colapso da modernidade brasileira*. Rio de Janeiro: Paz e Terra.

BUFFA, Éster e NOSELLA, Paolo (1997). *A educação negada: Introdução ao estudo da educação brasileira contemporânea*. 2ª ed. São Paulo: Cortez.

CANETTI, Elias (1990). *A consciência das palavras*. São Paulo: Cia. das Letras.

CASTANHO, Sérgio (2001). "Metodologia do ensino ou da educação superior? Um olhar histórico". *In*: CASTANHO, Sérgio e CASTANHO, Maria Eugênia (orgs.). *Temas e textos em metodologia do ensino superior*. 2ª ed. Campinas: Papirus, pp. 29-35.

COLLINS, Ayse Bas (2002). "Are we teaching what we should: Dilemmas and problems in tourism and hotel management education". *Tourism Analysis*, vol. 7, pp. 151-163.

DIÁRIO CATARINENSE (2003). Editorial: "A universidade reprovada". 16/12, p. 15, col. 1-3. [Disponível em: www.inep.gov.br]

DOURADO, Luiz F. (1999). "As transformações da sociedade contemporânea, o papel do Banco Mundial e os impactos na educação superior brasileira". *In*: SILVA, R.C. (org.). *Educação para o século XXI, dilemas e perspectivas*. Piracicaba: Ed. da Unimep.

DREW, Jeff (2003). "ICTA history: A speech by Jeff Drew, CTC. National Forum 2003". [Disponível em: www.thetravelinstitute.com/history.htm]

FÁVERO, Maria de Lurdes de A. (1991). *Da universidade "modernizada" à universidade disciplinada: Atcon e Meira Mattos*. São Paulo: Cortez/Autores Associados.

FERNANDES, Florestan (1972). *Sociedades de classes e subdesenvolvimento*. Rio de Janeiro: Zahar.

_____ (1974). *Reforma universitária e mudança social*. Rio de Janeiro: Argumento.

FERRI, Cássia e BURATTO, Marlene (2001). "Da graduação ao doutorado: Tramas da história do Centro de Educação Superior Balneário Camboriú como centro de excelência em estudos turísticos". IV Jornadas Nacionales de Investigación y Extensión de Estudios en Turismo. Posadas, Misiones, 22-24 de maio.

FONSECA, Eduardo G. da (2004). "Discurso para um quadro negro. Parcerias educacionais". [Disponível em: www.parceriaseducacionais.org.br/artigos_sobre_parceria/discurso_ luminoso_2.htm]

FONSECA, Marília (1977). "O Banco Mundial e a gestão da educação brasileira". *In*: OLIVEIRA, Dalila A. (org.). *Gestão democrática da educação*. Petrópolis: Vozes.

_____ (2000). "O financiamento do Banco Mundial à educação brasileira: Vinte anos de cooperação internacional". *In*: TOMASSI, Lívia de; WARDE, Mirian e HADDAD, Sérgio (orgs.). *O Banco Mundial e as políticas educacionais*. 3ª ed. São Paulo: Cortez.

FUNARI, Pedro P.F. (1994). "Paulo Duarte e o Instituto de Pré-história: Documentos inéditos". *Idéias*, nº 1, vol. 1. Campinas: Unicamp, pp. 155-179.

FURTER, Pierre. (1969). "Visão utópica da universidade: Seu desafio e suas limitações". *Revista Paz e Terra*, nº 9, out., pp. 45-50.

GADOTTI, Moacir (1993). *História das idéias pedagógicas*. São Paulo: Ática.

GHIRALDELLI Jr., Paulo (1992). *História da educação*. 2ª ed. rev. São Paulo: Cortez.

GIRALDI, Corinta M.G. (1996). "Continuidade e ruptura na construção do objeto de estudo: Currículo em ação". Texto digitado. Campinas: Unicamp.

HARVEY, David (1989). *The condition of postmodernity: An inquiry into the origins of cultural change*. Oxford: Basil Blackwell.

IBGE (2003). "Síntese de indicadores sociais 2002". *Estudos e Pesquisas. Informação Demográfica e Socioeconômica*, vol. 11. [Disponível em: www.ibge.gov.br/home/estatistica/populacao/condicaodevida/indicadoresminimos/indic_sociais2002.pdf] Download em 28/1/2004.

JAFARI, Jafar (1999). "Tourism assuming its scholarly position. A retrospective and prospective overview". Conferência pronunciada durante a outorga do título de Doutor Honoris Causa. Palma (Espanha): Universitat de lês Illes Balears, 18/5.

JOLLIVET, Marcel e PAVÉ, Alain (1997). "O meio ambiente: Questões e perspectivas para a pesquisa". *In*: VIEIRA, Paulo F. e WEBER, Jacques (orgs.). *Gestão de recursos naturais renováveis e desenvolvimento: Novos desafios para a pesquisa ambiental*. São Paulo: Cortez, pp. 53-112.

KUENZER, Acácia Z. (2001). "O que muda no cotidiano da sala de aula universitária com as mudanças no mundo do trabalho?". *In*: CASTANHO, Sérgio e CASTANHO, Maria Eugênia. *Temas e textos em metodologia do ensino superior*. 2ª ed. Campinas: Papirus, pp. 15-28.

LAJOLO, Marisa e ZILBERMAN, Regina (1991). *A leitura rarefeita: Livro e literatura no Brasil*. São Paulo: Brasiliense.

LASH, Scott e URRY, John. (1994). *Economies of sign and space*. Londres: Sage.

LOPES, Maria Izabel S. (2000). "Educação e administração: Reflexões primeiras sobre a formação e a profissão do administrador da coisa pública". *REO*, nº 1, vol. 1. Maringá, jan.-jun., pp. 11-22.

LUCKESI, Cipriano; BARRETO, Eloi; COSMA, José e BAPTISTA, Naidison (2001). *Fazer universidade: Uma proposta metodológica*. 12ª ed. São Paulo: Cortez.

MANACORDA, Mario A. (1989). *História da educação. Da Antiguidade aos nossos dias*. São Paulo: Cortez/Autores Associados.

MANCEBO, Denise (1998). "Autonomia universitária: Reformas propostas e resistência cultural". *Universidade e Sociedade*, nº 5, ano VIII, pp. 51-59.

MARSHALL, T.H. (1967). *Cidadania, classe social e status*. Rio de Janeiro: Zahar.

MAUSS, Marcel (1974). "Ensaio sobre a dádiva: Forma e razão da troca nas sociedades arcaicas". *Sociologia e Antropologia*, vol. 2. São Paulo: EPU/ Edusp, pp. 37-184.

McGUIRE, Randall H. (1999). "Arqueologia como ação política: O projeto do carvão do Colorado". Anais da I Reunião Internacional de Arqueologia na América do Sul. *Revista do Museu de Arqueologia e Etnologia*, suplemento 3. São Paulo: USP, pp. 387-397.

NIDING, Marina (2001). "Campo profesional, currículum y contextos sociales". IV Jornadas Nacionales de Investigación y Extensión de Estudios en Turismo. Posadas, Misiones, 22-24 de maio.

NOSELLA, Paolo (1992). *A escola de Gramsci*. Porto Alegre: Artes Médicas.

OLIVEIRA, Alcivam P. de (2003). "Extensão e políticas públicas". Texto apresentado na Assembléia do Fórum Brasileiro de Extensão. Belo Horizonte, 3-5/11.

ORGANIZACIÓN MUNDIAL DEL TURISMO (OMT) E INSTITUTO DE TURISMO (1995). "Empresa y sociedad". Valência: Universidade Politécnica de Valência. Educando Educadores en Turismo.

PERRENOUD, Philippe (1999). *Construir competências desde a escola*. Porto Alegre: Artmed.

PINTO, Álvaro V. (1994). *A questão da universidade*. São Paulo: Cortez.

RAMA, Germán. (1987). "Estilos educacionais". *In*: SAVIANI, Demerval *et al*. *Desenvolvimento e educação na América Latina*. São Paulo: Cortez/ Autores Associados, pp. 46-83.

REJOWSKI, Mirian (1996). *Turismo e pesquisa científica*. Campinas: Papirus.

RELATÓRIO DO GRUPO DE TRABALHO DA REFORMA UNIVERSITÁRIA (1969). (Relatório Meira Mattos). *Revista Paz e Terra*, nº 9, out., pp. 243-282.

RICOEUR, Paul (1969). "Reconstruir a universidade". *Revista Paz e Terra*, nº 9, out., pp. 51-59.

RITCHIE, J.R. Brent (1990). *Tourism and hospitality education – Frameworks for advanced level and integrated regional programs*, vol. 31. St. Gallen: Aiest.

RODRIGUES, Leandro (2003). "Educação como negócio". *Ensino Superior*, mar., pp. 14-17.

RUBEN, Guillermo R. (1984). *O que é nacionalidade*. São Paulo: Brasiliense.

SALGADO, Manuel; COSTA, Carlos M.M. e CURADO, Hermínio (2002). "A formação no setor do turismo: O caso de Portugal". *In*: SHIGUNOV NETO, Alexandre e MACIEL, Lizete S.B. (orgs.). *Currículo e formação profissional nos cursos de turismo*. Campinas: Papirus, pp. 127-148.

SANTOS, Boaventura de S. (1994). *Pela mão de Alice: O social e o político na pós-modernidade*. Porto: Afrontamento.

SANTOS FILHO, João dos (2003). "O turismo brasileiro: Equívocos, retrocessos e perspectivas – O balanço que nunca foi feito". [Disponível em: www.espacoacademico.com.br] Consultado em 3/9.

SAVIANI, Demerval (1984). *Escola e democracia*. São Paulo: Cortez.

SHIGUNOV NETO, Alexandre e MACIEL, Lizete S.B. (orgs.) (2002). *Currículo e formação profissional nos cursos de turismo*. Campinas: Papirus.

SPINELLI, Sara M. (2002). "A importância da formação profissional em turismo". *In*: SHIGUNOV NETO, Alexandre e MACIEL, Lizete S.B. (orgs.). *Currículo e formação profissional nos cursos de turismo*. Campinas: Papirus, pp. 105-126.

SUÁREZ, Silvana (2001). "La formación universitaria del licenciado en turismo". IV Jornadas Nacionales de Investigación y Extensión de Estudios en Turismo. Posadas, Misiones, 22-24/5.

TAMANINI, Elizabete (1998). *Museu, arqueologia e o público: Um olhar necessário*. Campinas: Ed. da Unicamp. (Coleção Idéias)

TEIXEIRA, Rivanda M. (2002). "Ensino superior em turismo e hotelaria: Análise comparativa dos cursos de graduação no Brasil e no Reino Unido". *In*: SHIGUNOV NETO, Alexandre e MACIEL, Lizete S.B. (orgs.). *Currículo e formação profissional nos cursos de turismo*. Campinas: Papirus, pp. 149-206.

TRIGO, Luiz G.G. (1991). *Cronologia do turismo no Brasil*. São Paulo: CTI/Terra Editoração.

UNIVERSITAT DE LÊS ILLES BALEARS (UIB) (s.d.). "Presentación de los estudios de turismo".

UNESCO (1998). *Declaração mundial sobre educação superior*. Trad. de Amós Nascimento. Piracicaba: Ed. da Unimep.

URRY, John (1990). *The tourist gaze: Leisure and travel in contemporary societies*. Londres: Sage.

VAQUERO, María del Carmen e ERCOLANI, Patricia Susana (2001). "La formación superior en turismo en el Departamento de Geografía de la Universidad Nacional del Sur". IV Jornadas Nacionales de Investigación y Extensión de Estudios en Turismo. Posadas, Misiones, 22-24/5.

VYGOTSKY, L.S. (1991). *A formação social da mente*. 4ª ed. São Paulo: Martins Fontes.

WARDE, Mirian J. (1983). *Educação e estrutura social*. 3ª ed. São Paulo: Moraes.

WORLD TOURISM ORGANIZATION (WTO) (1997). *Introduction to Tedqual*. Washington.

XAVIER, Maria Elizabete S.P. (1992). *Poder político e educação de elite*. 3ª ed. São Paulo: Cortez/Autores Associados.

Especificações técnicas

Fonte: Times New Roman 11 p
Entrelinha: 14 p
Papel (miolo): Off-set 75 g
Papel (capa): Supremo 250 g
Impressão: Gráfica Paym